NEUKIRCHENER

Ulrich H.J. Körtner

Unverfügbarkeit des Lebens?

Grundfragen der Bioethik und der medizinischen Ethik

2. Auflage 2004

Neukirchener

Neukirchener Verlag
Verlagsgesellschaft des Erziehungsvereins mbH, Neukirchen-Vluyn

Umschlaggestaltung: Hartmut Namislow
Druckvorlage: Irmtraud Aigner und Andreas Klein
Gesamtherstellung: Breklumer Druckerei Manfred Siegel KG
Printed in Germany
ISBN 3-7887-1847-1

Bibliographische Information Der Deutschen Bibliothek

Die Deutsche Bibliothek verzeichnet diese Publikation in der Deutschen Nationalbibliographie; detaillierte bibliographische Daten sind im Internet abrufbar über www.dnb.dab.de.

Für Günter Virt,
den ökumenischen Freund und Mitstreiter

Vorwort

Neben der Informationstechnologie ist die Biologie die Leitwissenschaft der Gegenwart. Ihre Vormachtstellung verdankt sie der Genetik und ihren technologisch wie medizinisch möglichen Nutzanwendungen, die sie auch wirtschaftlich bedeutsam machen. Die angewandten Biowissenschaften – auch »life sciences« genannt – haben aber ein durch und durch technisches Verständnis der Biologie zur Voraussetzung. Technisches Denken prägt nicht etwa nur die Nutzanwendung des modernen biologischen Wissens, sondern bereits die biologische Grundlagenforschung. So ist in den letzten Jahrzehnten ein biotechnologischer Komplex entstanden, der nicht nur die Produktionsweisen der Landwirtschaft und der Lebensmittelherstellung, sondern die Sichtweise des Lebens insgesamt von Grund auf verändert. Das Leben wird von der Gabe zum technischen Produkt.

Technisches Denken, und hier wiederum vor allem die Biotechnologie, bestimmt auch den medizinischen Fortschritt. Lebensrettung, Heilung, Lebenserhaltung und Lebensverlängerung werden heutzutage vornehmlich als technische Probleme verstanden. Der Mediziner mutiert zum Anthropotechniker. Die Gentechnik verheißt auch auf medizinischem Gebiet einen Quantensprung, nicht nur in der Entwicklung und Herstellung neuer Medikamente und bei der Entwicklung neuer Therapieverfahren, sondern auch auf dem Gebiet der Reproduktionsmedizin. Der biotechnologische Fortschritt führt zu einer tiefgreifenden Veränderung des Menschenbildes sowie des Selbstverständnisses der Medizin.

Die geschilderten Entwicklungen werfen schwerwiegende ethische Fragen auf. Gefordert ist offenbar eine umfassende Ethik des Lebens, welche der engen Verflechtung von Biologie und Medizin Rechnung trägt. Vor allen Einzelfragen der angewandten bzw. Materialethik hat die Besinnung auf elementare Fragen des Menschen- und Weltbildes zu stehen, die Auseinandersetzung mit dem Wesen der modernen Technik und der durch sie bestimmten Sicht des Lebens. Dazu ist auch die Theologie herausgefordert.

Die in diesem Buch gesammelten Beiträge befassen sich mit Grundfragen der Bioethik und der medizinischen Ethik. Im interdisziplinären Gespräch versuchen sie, theologische Gesichtspunkte geltend und verständlich zu machen. Dies erweist sich zunehmend als schwierig. Trotz großer Anstrengungen, welche von theologischer Seite auf bioethischem und medizinethischem Gebiet in den letzten Jahren geleistet wurden, stoßen theologische Argumente oftmals auf große Vorbehalte. Sie stehen nicht selten unter einem generellen Ideologieverdacht oder werden als Partikularinteressen einer religiösen Minderheit abgetan. Wieweit sich die Theologie derartige Kritik selbst zuzuschreiben hat, muß selbstkritisch gefragt werden. Billigerweise darf man erwarten, daß sie sich hinreichend sachkundig macht und in der bioethischen Argumentation zu Differenzierungsleistungen fähig ist. Im interdisziplinären Diskurs ist der prophetische Gestus zumeist unangebracht. Andererseits wird in der Auseinandersetzung um Chancen und Gefahren des biotechnologischen und medizinischen Fortschritts ein grundlegender Streit um das Wirklichkeitsverständnis ausgefochten, bei dem die Theologie das Ihre durchaus offensiv zu vertreten hat.

Das Buch richtet sich nicht nur an Fachleute, sondern an einen breiteren Kreis interessierter Leserinnen und Leser. Die Fachdiskussion mit der Sekundärliteratur wird daher in den Fußnoten nur spärlich geführt. Wer sich darüber genauer informieren will, findet weiterführende Literaturhinweise am Ende des Buches. Die Abkürzungen folgen S. Schwertner, Internationales Abkürzungsverzeichnis für Theologie und Grenzgebiete (IATG), Berlin/New York ²1994.

Mein Dank gilt Frau Irmtraud Aigner und Herrn Mag. theol. Andreas Klein, die die Druckvorlage erstellt haben und bei den Korrekturen behilflich waren. Danken möchte ich aber auch meinem Kollegen und Freund, dem katholischen Moraltheologen Günter Virt, für die gute Zusammenarbeit im Institut für Ethik und Recht in der Medizin an der Universität Wien und weit darüber hinaus. Ihm sei dieses Buch gewidmet.

Wien, im Sommer 2000 Ulrich H.J. Körtner

Inhalt

Vorwort		VII
Inhalt		IX
Einführung: Ethik des Lebens Bioethik und medizinische Ethik		1
1	Ehrfurcht vor dem Leben? Der Lebensbegriff in der bioethischen Diskussion	9
1.1	Bioethik – Ethik des Lebens	9
1.2	Der Begriff des Lebens	10
1.3	Zur Ethik Albert Schweitzers	13
1.4	Unverfügbarkeit des Lebens?	14
2	Life Sciences Akzeptanz und Widerstand, Ängste und Hoffnungen	19
2.1	Die Sloterdijk-Debatte	19
2.2	Akzeptanzprobleme der grünen Gentechnik	20
2.3	Kommunikationsprobleme	21
2.4	Ethik im öffentlichen Diskurs	23
2.5	Ethische Aspekte der Gentechnik	23
2.6	Religiöse Einstellungen zur Gentechnik	24
3	Der alte und der neue Mensch Zur vermeintlichen Antiquiertheit des christlichen Menschenbildes	27
3.1	Abgesang auf den Humanismus	27
3.2	Kritik des Über-Humanismus	29
3.3	Christliche Anthropologie und Kultur der Solidarität	31
4	Gesundheit um jeden Preis? Ziele und Kosten des medizinischen Fortschritts aus ethischer Sicht	35
4.1	Die Medizin vor der Sinnfrage	35

4.2 Krankheit und Gesundheit 37
4.3 Der Preis der Gesundheit und die Aporien der modernen Medizin 43
4.4 Die Grenzen der Medizin 49

5 Ethische Gesichtspunkte der Beziehung zwischen Arzt und Patient 55
5.1 Ethik und Kommunikation 55
5.2 Wandlungen der Medizin und ihre Auswirkungen auf das Verhältnis von Arzt und Patient 56
5.3 Autonomie des Patienten und ärztliche Verantwortung 57
5.4 Medizin und Macht 59

6 Seelsorge und Ethik
Zur ethischen Dimension seelsorgerlichen Handelns 61
6.1 Die Wiederentdeckung der ethischen Frage 61
6.2 Theorie der Moral und Poimenik 65
6.3 Die ethische Dimension seelsorgerlichen Handelns 72

7 Von Mäusen und Menschen
Zur Auseinandersetzung mit utilitaristischen Ansätzen medizinischer Ethik 81
7.1 Speziezismuskritik und medizinische Ethik 81
7.2 Speziezismuskritik und utilitaristische Ethik bei Peter Singer 84
7.3 Utilitaristische Anfragen an Singer 88
7.4 Utilitarismus und Diskursethik 90
7.5 Zur theologischen Kritik des Utilitarismus 91
7.6 Theologische Ethik und Güterabwägung 99

8 Die Würde des Menschen – unantastbar?
Über die rechtliche und moralische Stellung von Embryonen 103
8.1 Embryonenschutz und Grundgesetz 103
8.2 Menschenwürde von Embryonen? 105
8.3 Konsequenzen für die medizinische Genetik 107
8.4 Zur Verwendung embryonaler Stammzellen 109

9 Erkenntnis und Interesse
Ethische Aspekte der Forschung an nicht zustimmungsfähigen Patienten 113
9.1 Ziele und Grenzen der Medizin 113
9.2 Menschenwürde in der Medizin 115
9.3 Biomedizin und Menschenrechte 117
9.4 Die Bestimmungen der Biomedizin-Konvention zur Forschung am Menschen 118

9.5 Ethische Aspekte der Forschung an einwilligungsunfähigen Personen 119

10 Reparaturversuche am Gehirn
Ethische Probleme der Transplantationsmedizin auf dem Gebiet der Hirnchirurgie 127
10.1 Transplantation von Hirngewebe 127
10.2 Der Mensch und sein Gehirn 128
10.3 Risiken der Neurotransplantation 129
10.4 Neurochirurgie und Embryonenschutz 130

11 Was heißt menschenwürdig sterben?
Das Menschenbild in der Diskussion zur Sterbehilfe 133
11.1 Das medizinisch assistierte Sterben 133
11.2 Die Einsamkeit der Sterbenden 136
11.3 Autonomie am Lebensende 136
11.4 Palliativmedizin 137

Nachweise 139

Weiterführende Literatur 141

Einführung: Ethik des Lebens
Bioethik und medizinische Ethik

Auf kaum einem Gebiet wird über Ethik und Moral derzeit so heftig gestritten wie im Bereich der Biowissenschaften. Die Debatte über ihre Chancen und Grenzen hat die Diskussion über die friedliche Nutzung der Atomenergie abgelöst, deren Ende symbolträchtig durch den politischen Konsens über den Ausstieg aus der Kernenergie markiert wird. An die Stelle der Physik ist die Biologie als neue Leitwissenschaft getreten. Das verdankt sie einerseits der Entwicklung der Molekularbiologie, andererseits ihrer Kombination mit der Informatik, ohne welche die Auswertung der genetischen Daten und ihre technische Nutzung gar nicht möglich wäre. So hat sich neben Genetik, Molekularbiologie und Biochemie die Bioinformatik als neue Anwendungswissenschaft etabliert. Die »Life Sciences« sind der wissenschaftlich-ökonomische Komplex der Zukunft.

Parallel zu dieser Entwicklung hat sich auch auf wissenschaftlichem Gebiet das Interesse von der Erkenntnistheorie auf die Ethik bzw. die wechselseitige Abhängigkeit beider verlagert. Suchte die herkömmliche Wissenschaftstheorie die Einheit der Wissenschaft in einer universalen Erkenntnistheorie, so steht heute die Frage nach dem Ethos der Wissenschaft bzw. nach einer ethischen Theorie der Wissenschaften im Vordergrund. Konnte die Wissenschaftstheorie der Ethik noch vor wenigen Jahrzehnten ihre Wissenschaftlichkeit absprechen, so steht heute umgekehrt die wissenschaftliche, insbesondere die biowissenschaftliche Forschung unter dem allgemeinen Verdacht der Unmoral. Im öffentlichen Diskurs wird Ethik zur unabdingbaren Voraussetzung für die gesellschaftliche Akzeptanz des wissenschaftlichen Fortschritts.

Die Biowissenschaften verändern nicht nur nachhaltig die Landwirtschaft und die Lebensmittelproduktion, sie greifen auch tief in die Medizin ein. Die Gentechnik eröffnet nicht nur der pharmazeutischen Industrie, sondern auch der Diagnostik und Therapie ungeahnte Möglichkeiten, deren Dimensionen erst in Umrissen erkennbar wird. Mit dem Abschluß des menschlichen Genomprojektes, dem HUGO (Human Genome Project), ist Neuland betreten worden – ob zum Segen oder zum Fluch der Menschheit, steht noch dahin. Es wird noch lange dauern, bis aus der Fülle der nun bereitstehenden Daten ein nutzbares Wissen über die Funktionsweise des menschlichen Erbgutes gewonnen wird. Theoretisch besteht nun aber die Möglichkeit, daß der Mensch nicht nur die Natur seiner Umwelt, sondern auch seine eigene mit gentechnischen Mitteln einschneidend verändern kann. Das künftige Schicksal der Evolution nicht nur der übrigen Arten, sondern auch des Homo sapiens liegt damit in den Händen – des Menschen. Nachdem die Büchse der Pandora geöffnet wurde, stellt sich nicht mehr die Frage, ob der Mensch diese Verantwortung übernehmen darf, sondern, nachdem er sie jetzt de facto übernommen hat, wie er sie künftig auszuüben gedenkt und welche Personen oder Institutionen darüber entscheiden. Diese Entscheidung darf keinesfalls einzelnen Wissenschaftlern, der Scientific Community oder gar der Ökonomie überlassen werden. Sie ist eine gesellschaftspolitische Frage allerersten Ranges, die nicht nur eine breite Diskussion in der Öffentlichkeit, sondern auch politische, d.h. parlamentarische und gesetzgeberische Entscheidungen erfordert.

Die Antwort der Ethik auf den explosionsartigen Fortschritt der Biowissenschaften besteht in der Ausbildung einer eigenen Bereichsethik, nämlich der sogenannten Bioethik. Die bioethische Diskussion zeigt, wie eng Biowissenschaften und Medizin inzwischen verknüpft sind, so daß eine strikte Trennung zwischen bioethischen und medizinethischen Fragestellungen nicht mehr möglich ist. Über Begriff und Begründung der Bioethik wird in der Öffentlichkeit freilich heftig gestritten.

Symptomatisch hierfür ist die Diskussion über die sogenannte Bioethik-Konvention des Europarates, deren mögliche Ratifizierung in Deutschland und Österreich für einen zum Teil sehr emotional geführten Streit sorgt. Der ursprüngliche Titel dieses Menschenrechtsdokumentes wurde erst bei der endgültigen Fassung vom Juni 1996 in »Menschenrechtskonvention zur Biomedizin« geändert. Nach wie vor wird das Dokument aber in der Öffentlichkeit als »Bioethik-Konvention« zitiert.

Was ist in diesem Zusammenhang überhaupt unter Bioethik zu verstehen? Dem Begriff nach befaßt sich die Bioethik mit der Aufgabe des Menschen, mit jeglichem Leben, nicht nur dem menschlichen, verantwortlich umzugehen. Auf welcher moralischen Grundlage dies geschehen soll, ist freilich ebenso umstritten wie die Frage, ob und inwiefern zwischen menschlichem und nichtmenschlichem Leben eine ethische Wertedifferenz besteht.[1] Generell läßt sich zwischen anthropozentrischen und physiozentrischen Ansätzen einer Bioethik unter-

1 Zum Spektrum der gegenwärtig diskutierten Ansätze einer Bioethik vgl. auch *B. Irrgang*, Christliche Umweltethik. Eine Einführung (UTB 1671), München/Basel 1992, S. 50-73.

scheiden.[2] Während der Anthropozentrismus dem Menschen eine moralische Sonderstellung einräumt, mißt der Physiozentrismus auch der Natur einen moralischen Status bei. Gewöhnlich unterscheidet man drei Varianten des Physiozentrismus, nämlich 1. Pathozentrismus, 2. Biozentrismus, 3. radikaler Physiozentrismus. Der Pathozentrismus oder Sensitivismus schreibt allen leidens- bzw. empfindungsfähigen Lebewesen moralischen Wert zu, der Biozentrismus ausnahmslos allem Lebendigen, der radikale Physiozentrismus der Natur als ganzer. Neben pathozentrischen Argumenten werden auch teleologisch-naturrechtliche, schöpfungstheologische oder unbestimmt religiöse Argumentationen wie Schweitzers Lehre der Ehrfurcht vor dem Leben, Verweise auf die Heiligkeit allen Lebens oder »ganzheitliche«, holistische Theorien vertreten.

Beim Anthropozentrismus lassen sich wiederum zwei Grundpositionen unterscheiden: 1. Epistemischer Anthropozentrismus, 2. Moralischer Anthropozentrismus. Während der epistemische Anthropozentrismus die Tatsache betont, daß der Mensch sich erkenntnistheoretisch wie ethisch die Welt nur in menschlichen Begriffen erschließen kann und in der Beobachter- wie Teilnehmerposition perspektivisch begrenzt ist, hält der moralische Anthropozentrismus überdies einzig Menschen für die Träger moralischer Werte. Neben Ansätzen eines pathozentrisch erweiterten Anthropozentrismus finden sich auch Argumentationen, welche die moralische Berücksichtigung von Tieren indirekt damit begründen, daß ihnen wie der Natur insgesamt zwar kein unmittelbar moralischer, wohl aber – aus Sicht des Menschen – ein ästhetischer oder pädagogischer Wert zukommt.

Auch in medizinethischer Hinsicht sind die genannten Unterscheidungen bedeutsam. So gibt es medizinethische Ansätze, welche den Gedanken einer besonderen Würde des Menschen, die ihn von Tieren und Pflanzen unterscheiden würde, ablehnen und als »Speziezismus« (Peter Singer, Helga Kuhse) kritisieren.[3] Demnach käme dem Menschen nicht als solchem, sondern nur, sofern er bestimmte Eigenschaften wie Selbstbewußtsein, Selbstkontrolle, Gedächtnis, Kommunikationsfähigkeit aufweist, das Recht auf den besonderen Schutz seiner Person zu, wie umgekehrt Tiere, sofern sie eine gewisse Stufe des Bewußtseins und der Leidensfähigkeit erreichen, den gleichen – oder sogar umfassenderen – Lebensschutz verdienten wie z.B. auch Embryonen, Schwerstbehinderte oder Todkranke im Finalstadium.

[2] Vgl. *A. Krebs* (Hg.), Naturethik. Grundtexte der gegenwärtigen tier- und ökoethischen Diskussion (stw 1262), Frankfurt a.M. 1997, S. 337-379.

[3] Vgl. *P. Singer*, Praktische Ethik. Aus dem Englischen übers. v. J.-C. Wolf, Stuttgart 1990, bes. S. 70ff; *H. Kuhse*, Die »Heiligkeit des Lebens« in der Medizin. Eine philosophische Kritik, Erlangen 1994.

Kritiker der Menschenrechtskonvention zur Biomedizin des Europarates sollten allerdings anerkennen, daß die Namensänderung des Dokumentes in der Endfassung kein bloßer Etikettenschwindel ist. Es handelt sich nämlich nicht nur vom Titel, sondern auch vom Inhalt her um eine Menschenrechts-, nicht um eine Ethikkonvention, d.h. um eine völkerrechtliche Kodifizierung von Rechten, nicht von Ethik. Streng genommen wäre eine Bioethikkonvention ohnehin unsinnig. Moral und Ethik lassen sich nicht rechtlich kodifizieren, so gewiß das Recht als Transformation von Moral in der modernen Gesellschaft anzusehen ist. Doch zur modernen Rechtsentwicklung gehört gerade die Unterscheidung bzw. Ausdifferenzierung von Recht und Moral.

Eine umfassende Bioethik hätte auch den Umgang mit Pflanzen und Tieren einzubeziehen. Das ist in der vorliegenden Konvention offenkundig nicht der Fall. Es geht also tatsächlich um eine Konvention zu Fragen der medizinischen Ethik. Allerdings fällt auf, daß wichtige medizinethische Fragen wie z.B. die Verantwortung für die Menschenrechte der Sterbenden, die Palliativmedizin und das Problem der Euthanasie, das Hirntodkriterium, aber auch die Probleme der Reproduktionsmedizin, der pränatalen Medizin und der Neonatologie (Neugeborenen-Heilkunde) gar nicht angesprochen werden. Die Konvention behandelt ihren Gegenstand also nur unvollständig.

Auf sprachliche und sachliche Unklarheiten stößt man allerdings auch, wenn man nach dem Subjekt der zu schützenden Menschenrechte bzw. nach den schutzwürdigen Objekten derselben fragt. Nach der deutschen Fassung sollen laut Artikel 1 »die Würde und die Identität aller menschlichen Lebewesen« geschützt und »jedem Menschen ohne Diskriminierung die Wahrung der Unversehrtheit sowie ihrer sonstigen Grundrechte und Grundfreiheiten im Hinblick auf die Anwendung von Biologie und Medizin« gewährleistet werden. Die englische Fassung spricht dagegen von »human beings«, also von Menschen, sowie von »everyone« als Subjekten der MRB. Und eine ältere amtliche Übersetzung gab »all human beings« mit »jeder Form menschlichen Lebens« wieder. Art. 5 dagegen verwendet im englischen wie im deutschen Text den Begriff der »Person«. Bereits an der verwendeten Terminologie entzündet sich der Streit: Wer ist Mensch im Sinne der Menschenrechte bzw. der Biomedizin-Konvention? Nur die Geborenen? Auch die Ungeborenen? Und wenn ja, ab welchem Zeitpunkt ihres Lebens?

Das Beispiel zeigt, wie sehr biomedizinische Probleme an anthropologische Grundfragen rühren. Hinter allen medizinethischen Fragen steht letztlich die eine Grundfrage: Was ist der Mensch? Medizinethik ist angewandte Anthropologie.

Allgemein verstehen wir unter Ethik die Theorie der Moral, d.h. die Reflexion, welche menschliches Handeln anhand der Beurteilungsal-

ternativen von Gut und Böse bzw. Gut und Schlecht auf seine Sittlichkeit hin überprüft.[4] Im Unterschied zur Ethik – der Begriff stammt von Aristoteles (384-322 v.Chr.) – bezeichnet der Begriff des Ethos (griechisch) bzw. der Moral (lateinisch) die Verhaltensnormen der gesamten Gesellschaft oder einer Gruppe, die aufgrund von Tradition akzeptiert und stabilisiert wird. Der Gegenstandsbereich der Ethik läßt sich nach A. Rich in vier Gebiete bzw. einander überschneidende Dimensionen untergliedern[5]: 1. Individualethik (Verhalten des Subjekts zu sich selbst), 2. Personalethik (Verhalten des Subjekts zum einzelnen anderen), 3. Sozialethik (Zusammenwirken des Subjekts mit anderen in Formen des vergesellschafteten Handelns), 4. Umweltethik (Verhalten des Einzelnen, von gesellschaftlichen Institutionen und der Gesellschaft als ganzer zur außermenschlichen Natur). Was jeweils unter dem moralisch Guten oder Schlechten zu verstehen ist, läßt sich nicht allgemeingültig sagen. Man kann aber eine formale Antwort geben, wonach unter dem *moralisch* Guten das nicht nur in einer bestimmten (z.B. technischen) Hinsicht oder in mehrfacher Hinsicht (z.B. technisch optimal und ökonomisch effizient), sondern das *in jeder Hinsicht* Gute zu verstehen ist. Umstritten ist allerdings, ob es an sich, d.h. situationsunabhängig, gute oder schlechte Handlungen gibt.
Ethik in der Medizin umfaßt die ethischen Fragestellungen nicht nur des ärztlichen Handelns, sondern aller Gesundheitsberufe, geschieht doch das medizinische Handeln heute in enger Kooperation unterschiedlicher Berufe. Im weitesten Sinne kann man die medizinische Ethik heute daher als Ethik des Gesundheitswesens oder abgekürzt als Gesundheitsethik definieren. So verstanden reicht medizinische Ethik über die Ebenen der Individual- oder Personalethik hinaus. Sie umfaßt auch mehr als die Fragestellungen des Berufsethos und Standesrechtes aller Gesundheitsberufe. Ethik in der Medizin ist ein Teilgebiet der Sozialethik. Fragen der medizinischen Ethik können heute nur interdisziplinär diskutiert werden. Als naturwissenschaftlich gestützte Handlungswissenschaft muß sich die Medizin nicht nur wissenschaftsimmanent, sondern auch mit der sie in Anspruch nehmenden Gesellschaft neu über ihre Handlungsziele verständigen. Darin besteht die heutige Aufgabe medizinischer Ethik.
Die Fragehinsicht medizinischer Ethik hat sich in den vergangenen Jahren grundlegend gewandelt. Lautete in der Vergangenheit die Frage, wie sich die Handlungsmöglichkeiten der Medizin erweitern ließen, so wird heute kritisch gefragt, ob die Medizin noch darf, was sie inzwischen alles kann. Die Ambivalenz des naturwissenschaftlich ge-

4 Zu Begriff und Aufgabe der Ethik siehe ausführlich *U. Körtner*, Evangelische Sozialethik. Grundlagen und Themenfelder (UTB 2107), Göttingen 1999, S. 33ff.
5 Vgl. *A. Rich*, Wirtschaftsethik. Grundlagen in theologischer Perspektive, Gütersloh 1984, S. 56ff.

stützten technologischen Fortschritts läßt sich auch im Gesundheitswesen nicht mehr übersehen. Die Möglichkeiten, Leben zu retten und zu verlängern, haben sowohl am Lebensanfang wie am Lebensende dank intensiver Forschungen enorm zugenommen. Die allgemeine Lebensdauer ist stetig gestiegen, woran die moderne Medizin einen erheblichen Anteil hat. Intensivmedizin, pränatale Diagnostik und Therapie sowie die Transplantationschirurgie schieben das Lebensende immer weiter hinaus. Doch zunehmend wird gefragt, ob Lebensverlängerung um jeden Preis ein Selbstzweck ist oder ob sich die verbleibende Lebensqualität nicht umgekehrt proportional zur medizinisch verlängerten Lebensdauer verhält. So stoßen medizinische Innovationen zunehmend auf Skepsis, bisweilen sogar auf militante Ablehnung in der Bevölkerung, während gleichzeitig in der Öffentlichkeit über die Legalisierung aktiver Sterbehilfe diskutiert und die Autonomie des Patienten nicht nur in Fragen der Therapiewahl, sondern auch hinsichtlich der Entscheidung über den Zeitpunkt und die Art seines Lebensendes gefordert wird.

Ein besonderes Problem der modernen Medizin ist der Umgang mit unheilbar Kranken, d.h. mit chronisch Kranken oder todkranken Patienten. Die Medizin ist einseitig auf das Ziel der Heilung ausgerichtet, d.h. der Wiederherstellung der Gesundheit. Chronisch Kranke passen schwer in ihr Konzept. (Verräterisch ist der Sprachgebrauch, der von »austherapierten« Patienten spricht!) Ein Umdenken leitet die Palliativmedizin ein, deren Ziel die Linderung nicht nur der physischen, sondern auch der psychischen und sozialen Leiden von Sterbenden und ein umfassender, auch die spirituelle Dimension einbeziehender Sterbebeistand ist.

Zu den wesentlichen Voraussetzungen aller Ethik in der Moderne gehört die Unterscheidung von Moral und Recht, von Moralität und Legalität (I. Kant). Das Recht hat sich in der modernen Gesellschaft gegenüber der Moral verselbständigt, andererseits Funktionen übernommen, die früher von der Moral erfüllt wurden. Umgekehrt bedarf jedes Recht einer moralischen Begründung. Für die Medizinethik ist der Umstand von großer Bedeutung, daß die Verrechtlichung medizinischen Handelns weit vorangeschritten ist. Ethische Fragen der Medizin lassen sich daher heute nicht mehr abgelöst von Rechtsfragen diskutieren. Neben Ethik in der Medizin hat sich als eigenständiger Zweig der Rechtswissenschaft das Fach Medizinrecht herausgebildet.

Im Anschluß an E. Amelung lassen sich drei Ebenen medizinethischer Probleme unterscheiden, die sich freilich in der Praxis überschneiden[6]: 1. Personale Ebene: Ebene der interaktionellen Beziehungen (Bereich des direkten diagnostischen und therapeutischen Kontaktes), 2.

[6] Vgl. *E. Amelung*, in: *ders.* (Hg.), Ethisches Denken in der Medizin. Ein Lehrbuch, Berlin u.a. 1992, S. 19-53.

Strukturelle Ebene: Ebene der Institutionen (Gesundheitswesen, Gesundheitspolitik, soziale Faktoren von Gesundheit und Krankheit, Medizinökonomie), 3. Kulturelle Ebene: Ebene der Einstellungen und Werthaltungen (individuelles und allgemeines Verständnis von Gesundheit und Krankheit, tatsächliches Gesundheitsverhalten). Auf der *personalen Ebene* ist u.a. der Zusammenhang von Gesundheit bzw. Krankheit und Lebensgeschichte des Patienten zu beachten.[7] Es ist also auch zu fragen, welche Bedeutung, d.h. welchen *Sinn* medizinische Maßnahmen oder der Verzicht auf solche im Zusammenhang der Biographie des Betroffenen haben. Auf der *strukturellen Ebene* zeigt sich, daß Gesundheit und Krankheit, Heilung und Krankheitslinderung abhängig vom *System* des Gesundheitswesens sind. Ein zentrales ethisches Problem ist die *Verteilungsgerechtigkeit* (Problem der Allokation auf der Mikro- und Makroebene) und die zwangsweise (!) Beteiligung am (Ver)sicherungssystem im Sinne der Solidar- und Gefahrengemeinschaft. Gesundheit ist nicht nur ein individuelles, sondern auch ein soziales Zukunftsgut. Systembedingte Aporien bestehen u.a. im Mißverhältnis zwischen Rationalität von Einzelentscheidungen und Irrationalitäten des Gesamtsystems. Auf der *kulturellen Ebene* sind allgemeine Wertsätze der abendländischen Kultur zu beachten. An vorderster Stelle steht die Idee der Menschenrechte, welche den Gedanken der Menschenwürde zur Voraussetzung hat. Im Judentum und Christentum wird der Gedanke der Menschenwürde aus der Gottebenbildlichkeit des Menschen abgeleitet, die ihm *bedingungslos*, d.h. unabhängig von seiner körperlichen und geistigen Verfassung zukommt. Wie schon gesagt wurde, geht es im Kern aller medizinethischen Diskussionen um grundlegende Fragen der Anthropologie. Genauer gesagt geht es um die Einstellung des Menschen zu seiner Sterblichkeit, zu seinem Tod. Das aber ist eine Frage, welche die Medizin nicht für die Gesellschaft beantworten kann, sondern welche von dieser selbst bzw. von jedem einzelnen persönlich zu beantworten ist. Die medizinethische Diskussion ist also einer der Orte, an welchem unsere Gesellschaft ihr Verhältnis zu Leben und Tod als einer gleichermaßen personalen wie sozialen Realität zu klären versucht. In der Auseinandersetzung um die Einführung neuer medizinischer Techniken, ihre rechtliche Regelung und Kontrolle, um die künftige Finanzierbarkeit des Gesundheitswesens und die dem Einzelnen von der Gesellschaft zugestandenen Leistungsansprüche stehen anthropologische Einstellungen, moralische Werte und letztlich auch religiöse Grundüberzeugungen zur Diskussion.

[7] Vgl. auch das Story-Konzept von D. Ritschl. Siehe dazu *D. Ritschl*, Das »story«-Konzept in der medizinischen Ethik, in: *ders.*, Konzepte. Gesammelte Aufsätze, München 1986, S. 201-212.

Medizinethische Probleme werfen aber aus den schon genannten Gründen nicht nur die Frage nach dem Verhältnis des Menschen zu sich selbst, sondern auch zur Natur auf. Da sowohl in den Biowissenschaften als auch in der modernen Hochleistungsmedizin der Umgang des Menschen mit sich selbst und der Natur ein durch und durch technischer ist, implizieren Bioethik und medizinische Ethik immer auch eine Technikethik.[8] In der modernen, pluralistisch strukturierten Gesellschaft kommt es keiner Gruppe oder Institution zu, Wertfragen autoritativ zu entscheiden. Um so notwendiger ist es, Diskussionsprozesse über die strittigen Fragen von Anthropologie, Biologie und Ethik zu initiieren und zu befördern. Dazu gehört zweifellos auch das interdisziplinäre Gespräch der Medizin und der Biowissenschaften mit den Geistes- und Sozialwissenschaften einschließlich der Theologie.
Zu diesem Gespräch möchte das vorliegende Buch einen Beitrag leisten, indem es einerseits die theologische Perspektive in die interdisziplinäre Diskussion einbringt und andererseits zeigt, welche Rückwirkungen die Teilnahme am Diskurs auf die Theologie selbst hat. Wie schon die Entstehung der modernen Naturwissenschaften tiefgreifende Veränderungen der theologischen Schöpfungslehre und Anthropologie zur Folge hatte, so zwingt auch der biowissenschaftliche und biomedizinische Fortschritt die Theologie zur erneuten Klärung ihrer eigenen Prämissen. Nur wenn sie dies leistet, wird die Theologie auch im interdisziplinären bioethischen Gespräch substantiell etwas zu sagen haben.
Der Ort ethischer Urteilsbildung ist aber keineswegs nur das Expertengespräch, z.B. in Ethikkommissionen, sondern auch die ärztliche Beratung und ebenso das seelsorgerliche Gespräch. Das gilt nicht nur für die Krankenhausseelsorge, sondern z.B. auch für das Gespräch in kirchlichen Beratungsstellen. Daher werden im vorliegenden Buch auch die Rolle der Seelsorge in der medizinethischen Urteilsbildung und ihre theoretischen Voraussetzungen untersucht. Angesprochen sind aber nicht nur Fachleute, sondern alle an den drängenden bioethischen und medizinethischen Fragen interessierten Leserinnen und Leser.

[8] Zu den im vorliegenden Buch nicht eigens thematisierten Fragen einer Ethik der Technik siehe *M. Trowitzsch*, Technokratie und Geist der Zeit. Beiträge zu einer theologischen Kritik, Tübingen 1988; *M. Honecker*, Folgen der Technik, ZThK 87, 1990, S. 471-486; *H. Stork*, Einführung in die Philosophie der Technik, Darmstadt [3]1991; *Chr. Walter*, Ethik und Technik. Grundfragen – Meinungen – Kontroversen, Berlin/New York 1992; *G. Ropohl*, Ethik und Technikbewertung (stw 1241), Frankfurt a.M. 1996; *ders.*, Technologische Aufklärung. Beiträge zur Technikphilosophie (stw 971), Frankfurt a.M. [2]1999; *W.Chr. Zimmerli* (Hg.), Ethik in der Praxis. Wege zur Realisierung einer Technikethik (Mensch – Natur – Technik 5), Hannover 1998.

1 Ehrfurcht vor dem Leben? Der Lebensbegriff in der bioethischen Diskussion

1.1 Bioethik – Ethik des Lebens

Die neue Leitwissenschaft unserer Gesellschaft ist die Biologie. Das ist die Folge der wissenschaftlichen Revolution auf dem Gebiet der Molekularbiologie und ihrer technischen Anwendungsmöglichkeiten in Medizin, Pharmakologie, Tier- und Pflanzenzucht, Lebensmittelindustrie und Umweltschutz, die sich in den kommenden Jahrzehnten rasant erweitern werden. Doch mit den Fortschritten auf dem Gebiet von Genetik und Gentechnik wächst zugleich das Unbehagen an der neuen Kultur. Gefragt wird nach den Risiken und den gesellschaftlichen wie ökologischen Kosten der neuen Technologie, nach ihren Folgen nicht nur für die lebende Generation, sondern auch für künftige Generationen. Die Grundsatzfrage lautet, ob das, was technologisch und ökonomisch nützlich erscheint, auch in moralischer Hinsicht gut ist, ob die ins Auge gefaßten Ziele ethisch akzeptabel sind und wenn, ob der Zweck auch schon die Mittel heiligt.

Die Fortschritte auf dem Gebiet der Biologie und der Biomedizin haben zur Etablierung eines neuen Zweiges der Ethik geführt, nämlich der sogenannten Bioethik. Sie befaßt sich mit den ethischen Problemen, welche die neuen Erkenntnisse über die Grundbausteine des Lebens und ihre Anwendungsmöglichkeiten aufwerfen. Dem Namen nach handelt es sich um die »Ethik des Lebens«. Bei genauerem Hinsehen zeigt sich freilich, daß der Begriff des Lebens, auf den gegenwärtig kaum ein Ethiker glaubt verzichten zu können, vieldeutig und ungenau ist. Zu beklagen ist ein geradezu inflationärer Gebrauch des Wortes »Leben«. Was man genau unter »Leben« zu verstehen hat und welches Lebens inwiefern Gegenstand menschlicher Verantwortung und ethischer Rechenschaft sein soll, wird oftmals nicht genau gesagt.

Der ethischen Urteilsbildung ist dieser Umstand freilich abträglich. Wo suggestive Formeln an die Stelle klarer Begriffe treten, verflacht die Ethik zum moralischen Appell. Denn es ist zwar nichts konkreter als das Leben, aber auch nichts abstrakter als sein allgemeiner Begriff. Entsprechend vieldeutig bzw. nichtssagend bleiben dann aus dem Le-

bensbegriff abgeleitete ethische Maximen, z.B. diejenige, gut sei es, das Leben zu bejahen, schlecht aber, das Leben zu verneinen. »Solange er nicht präzisiert wird, bedeutet auch Lebensbejahung alles mögliche. Ausgiebiger Genuß von Wein, Weib und Gesang fällt ebenso darunter wie aufopferungsvoller Krankenhausdienst. Beide sind übrigens auch Lebensverneinung: Die Alkoholika greifen die Leber an, die Nachtwachen den Kreislauf.«[1] Auch Lebenshingabe, wie sie Albert Schweitzer gefordert hat, bleibt eine leere Forderung, solange nicht geklärt ist, an was für ein Leben man sich hingeben soll.
Erschwerend kommt hinzu, daß der Lebensbegriff ähnlich wie derjenige der Natur häufig religiös aufgeladen wird. Darin besteht auch für die christliche Ethik eine Gefahr. Sofern sie nämlich in den Sog eines unreflektierten Gebrauchs des Wortes »Leben« gerät, mit einem religiösen Durchlauferhitzer für Allerweltsweisheiten verwechselt zu werden. Daß alles Leben und zwar als solches heilig sein soll, wie immer wieder eingeklagt wird, klingt nur beim ersten Hören wie eine äußerste Radikalisierung der Ethik, läuft aber in Wahrheit auf ihre Abdankung hinaus. »Wo alles heilig ist, ist nichts mehr heilig.«[2] Im folgenden sollen daher der Lebensbegriff und seine Verwendung in der Ethik kritisch beleuchtet werden.

1.2 Der Begriff des Lebens

Vordenker einer modernen Bioethik waren Albert Schweitzer und Hans Jonas.[3] Schweitzer stellte das Postulat einer Ethik der Ehrfurcht vor dem Leben, menschlichem wie tierischem und pflanzlichem, schon zu einer Zeit auf, als noch nicht einmal die Grundlagen der modernen Genetik erforscht waren. Er wie auch Jonas haben den Lebensbegriff in einem sehr umfassenden Sinne gebraucht, also nicht nur auf das Einzelleben, sondern auf die gesamte Biosphäre bezogen. Eine Ethik des Lebens im Sinne von Jonas hat den Fortgang des Evolutionsprozesses als ganzen im Blick, weniger das Geschick von einzelnen unverwechselbaren Individuen. Schweitzers Ethik der Ehrfurcht vor dem Leben verwendet den Lebensbegriff auf doppelte Weise. Zum einen bezeichnet er mit ihm das einzelne Lebewesen, wobei er Menschen, Tiere, Pflanzen und sogar Mikroorganismen für prinzipiell gleichwertig hält, zum anderen die Gesamtheit der Biosphäre, den

[1] *Chr. Türcke*, Kassensturz. Zur Lage der Theologie, Lüneburg [2]1997, S. 100.
[2] Chr. Türcke, a.a.O. (Anm. 1), S. 100.
[3] Siehe v.a. *A. Schweitzer*, Kultur und Ethik. Sonderausgabe mit Einschluß von Verfall und Wiederaufbau der Kultur, München 1960, Nachdr. 1981; *H. Jonas*, Das Prinzip Verantwortung. Versuch einer Ethik für die technologische Gesellschaft (stw 1085), Frankfurt a.M. 1984.

universalen Lebenswillen, der bei Schweitzer letztlich göttliche Züge trägt.
Bei Schweitzer wie auch bei Jonas steht der Lebensbegriff im Zentrum einer Ethik, welche sowohl den Formalismus des kategorischen Imperativs Kants als auch die Beschränkung der Moral auf das Wohl des Menschen bzw. der menschlichen Gattung überwinden will. Für Jonas ist die Forderung, daß überhaupt eine Menschheit sei, die oberste Maxime aller Ethik, für Schweitzer die Existenz von Leben überhaupt. Das Leben scheint einen kategorischen Imperativ, der unbedingt und immer zu befolgen ist, schon in sich zu tragen, bevor der Mensch anfängt, moralisch zu reflektieren. Aber wie soll aus dem bloßen Sein eines Phänomens ein Sollen folgen?[4] Und welches Phänomen ist überhaupt gemeint? Die Schwierigkeit des Lebensbegriffes liegt darin, daß er zunächst den Anschein des Empirischen erweckt, tatsächlich aber mehr als nur empirisch ist.
In der bioethischen Diskussion überlappen sich philosophische Traditionen wie die Lebensphilosophie und ihr Vitalismus, Anleihen bei Schopenhauers Mitleidsethik und Nietzsches Lehre vom Willen zum Leben, Henry Bergsons Theorie von einem universalen Élan vital, utilitaristische Ansätze einer Ethik der Interessen und biologisch-naturwissenschaftliche Kategorien.[5]
Schon den Biologen fällt es schwer, genau zu definieren, was sie unter Leben verstehen. Immer noch verbreitet sind folgende Kriterien des Lebendigen, welche durch die molekularbiologische Wende der Biologie eher bestätigt sind: Stoffwechsel, Mutation, Reproduktion. Mutation und Reproduktion begründen zusammen die Evolutionsfähigkeit des Lebens. Der Evolutionsprozeß ist freilich nach biologischer Theorie ungerichtet. Er folgt keinem Plan und steuert nicht auf ein Endziel zu. Auch die Entwicklung der einzelnen Lebewesen gehorcht nach Ansicht der Biologie nicht einem transzendenten Gesetz, sondern wird durch Energieumsatz, systemische Selbststeuerung und Reproduktion erklärt.
Ein derartiger Lebensbegriff ist in der bioethischen Debatte aber keineswegs vorherrschend. Hier wird oft ein Lebensbegriff gebraucht, der ähnlich wie die Begriffe »Welt«, »Geschichte« oder auch »Gott« auf Ganzheiten verweisen, d.h. den Horizont bezeichnen, vor dem sich das menschliche Handeln abspielt. »Das Leben« bezeichnet dann ei-

4 Zur Kritik an Jonas siehe u.a. *W.E. Müller*, Der Begriff der Verantwortung bei Hans Jonas, Frankfurt a.M. 1988. Zur Einführung in das Werk von Jonas und zur Diskussion über seine verantwortungsethische Konzeption siehe *F.J. Wetz*, Hans Jonas zur Einführung, Hamburg 1994; *D. Böhler* (Hg.), Ethik für die Zukunft. Im Diskurs mit Hans Jonas, München 1994.

5 Vgl. dazu *Chr. Frey*, Zum Verständnis des Lebens in der Ethik, in: *ders.*, Konfliktfelder des Lebens. Theologische Studien zur Bioethik, hg. u. eingel. v. P. Dabrock u. W. Maaser, Göttingen 1998, S. 77-100.

nen übergeordneten Zusammenhang. Als »unser bzw. mein Leben« bezeichnen wir z.B. unsere Lebensumstände, unsere sozialen und beruflichen Verhältnisse, unsere Lebensführung und unsere Lebensgeschichte.

Die griechische Sprache und die antike Philosophie unterscheiden zwei Lebensbegriffe, nämlich *bios* und *zoe*. Während als *zoe* die biologischen Phänomene bezeichnet werden, ist – unserem heutigen Sprachempfinden widersprechend – unter *bios* die menschliche Lebensführung verstanden. Beiden gemeinsam ist nach antikem Verständnis die Zielgerichtetheit. Hat die *zoe* nach Aristoteles ihr Zentrum in der Seele, so die menschliche Lebensführung im Subjekt bzw. im Geist.

Durch die Verquickung beider Lebensbegriffe kann der Eindruck erweckt werden, als enthalte das Phänomen des Lebens bzw. der Existenz von Lebendigem bereits eine moralische Forderung in sich. Doch handelt es sich bei dieser Annahme um einen sogenannten naturalistischen Fehlschluß (David Hume). Denn in Wahrheit folgt aus einem Sein noch kein Sollen. Das gilt für die Moral ebenso wie für die Naturgeschichte, sind doch die heute existierenden Arten des Lebendigen das Resultat eines langen Selektionsprozesses, der fortdauert. Wie also die bestehenden Arten das Resultat der Vernichtung anderer Lebensformen sind, so läßt sich auch über den weiteren Verlauf des Evolutionsprozesses keine Prognose abgeben. Wird unter »dem Leben« dieser Prozeß verstanden und seine Bejahung ethisch gefordert, so ist die Bejahung von Selektion und folglich von Zerstörung bestehender Arten eingeschlossen. Aus dem Evolutionsprozeß als solchem läßt sich also offenbar gar kein sinnvolles Kriterium für Arten- und Umweltschutz ableiten.

Doch kann eine rein biologische Betrachtungsweise nicht einmal die Bejahung des Evolutionsprozesses als solchen moralisch rechtfertigen. Denn es entsteht das Dilemma, daß die Natur, die oft in anthropomorpher Weise wie ein Subjekt angesprochen wird, ein Lebewesen hervorbringen konnte, das im Begriff ist, seine eigene Natur gefährlich zu verändern und die es umgebende Natur zu zerstören. Was aber den Zusammenhang von *zoe* und *bios* betrifft, so besteht das erkenntnistheoretische Dilemma, daß die sinnhafte Daseinsweise des Menschen, sein Leben in sozialen und kulturellen Formen, von der Biologie als Ergebnis des vollständig sinnfreien Evolutionsprozesses erklärt wird. Eine Ethik des Lebens, welche unter Verweis auf dessen Gegebensein moralische Normen begründen will, gerät daher notwendigerweise in Aporien.

1.3 Zur Ethik Albert Schweitzers

In welche Aporien eine vom Lebensbegriff aus entworfene Ethik gerät, zeigt sich an A. Schweitzers Ethik der Ehrfurcht vor dem Leben.[6] Schweitzer stellt folgendes Grundaxiom auf: »Wahre Philosophie muß von der unmittelbarsten und umfassendsten Tatsache des Bewußtseins ausgehen. Diese lautet: ›Ich bin Leben, das Leben will, inmitten von Leben, das leben will.‹«[7] Ethisch sei die Ehrfurcht vor dem Leben, weil sie »Ergriffensein von dem unendlichen, unergründlichen, vorwärtstreibenden Willen« sei, »in dem alles Sein gegründet ist«[8]. Weil der universale Wille zum Leben im Menschen zum Bewußtsein seiner selbst gelange, liege in der Gesinnung der Ehrfurcht vor dem Leben zugleich »ein elementarer Begriff von Verantwortung beschlossen«. Ethik ist darum für Schweitzer eine grenzenlose Verantwortung für den Erhalt jeglichen Lebens. »Gut ist, Leben erhalten und Leben fördern; böse ist, Leben vernichten und Leben hemmen.«[9] Doch wie man von der Erkenntnis des eigenen und des fremden Lebenswillen zur Forderung universaler Verantwortlichkeit gelangen soll, wird bei Schweitzer nicht einsichtig.

Schweitzer meint, mit der genannten Einsicht sei der Begriff der Verantwortung gleichursprünglich. Aber ist das tatsächlich der Fall? Weshalb soll mich die Einsicht, daß andere Lebewesen genauso wie ich an ihrem Leben hängen, zur Förderung und Erhaltung fremden Lebens nötigen? Ist nicht gerade der brutale Kampf ums Dasein und mein Versuch, mich in diesem Kampf solange als möglich zu behaupten, die angemessene Konsequenz? Soll aber ausgerechnet *das* Leben in seiner Gesamtheit bejaht werden, welches im Fressen und Gefressenwerden besteht? Wird Leben an sich zum höchsten Wert erklärt, so das bloße Vegetieren, d.h. aber – in den Begriffen der Antike gesprochen – eine vom *bios* abgespaltene *zoe*.

Natürlich will Schweitzer dies gerade nicht sagen. So unterstellt er denn, die der Ehrfurcht vor dem Leben zugrunde liegende Erfahrung konfrontiere uns mit einem universalen Lebenswillen, der in der Sprache der Religion mit Gott gleichzusetzen ist. Dieser göttliche Lebenswille aber dränge den Menschen zur Schaffung von Werten und zur Verwirklichung von Idealen. Dem ist freilich entgegenzuhalten, daß

[6] Zum folgenden vgl. *U. Körtner*, Solange die Erde steht. Schöpfungsglaube in der Risikogesellschaft (Mensch – Natur – Technik 2), Hannover 1997, S. 114-133. Zum Stand der Diskussion vgl. *C. Günzler*, Albert Schweitzer. Einführung in sein Denken, München 1996; *ders. u.a.* (Hg.), Albert Schweitzer heute. Brennpunkte seines Denkens, Tübingen 1990; *W.E. Müller* (Hg.), Zwischen Denken und Mystik. Albert Schweitzer und die Theologie heute (BASF 5), Bodenheim 1997.

[7] A. Schweitzer, a.a.O. (Anm. 3), S. 330.

[8] Ebd.

[9] A.a.O. (Anm. 3), S. 331.

solche Werte und Ideale aus der Natur bzw. dem Evolutionsprozeß als solchem keineswegs ablesbar sind, sondern das Relikt einer Wertphilosophie und Wertethik, die bereits stillschweigend voraussetzt, was sie ableiten will.
Schweitzers Ethik der Ehrfurcht vor dem Leben ist in Wahrheit religiös bzw. theologisch fundiert. Damit aber zehrt sie von Prämissen, die heutzutage keineswegs allgemein anerkannt sind. Aber auch der verantwortungsethische Ansatz bei H. Jonas enthält verschwiegen religiöse bzw. metaphysische Prämissen. Daß dem Lebensbegriff in bioethischen Zusammenhängen nicht selten eine »kryptische Theologie«[10] (Christofer Frey) zugrunde liegt, zeigt sich auch an der häufiger begegnenden Redeweise von der Unverfügbarkeit des Lebens.

1.4 Unverfügbarkeit des Lebens?

Gerade in christlichen Kreisen wird gegen die Anwendung gentechnischer Verfahren im Bereich der Medizin, aber auch der Pflanzen- und Tierzucht sowie der Lebensmittelproduktion häufig das Argument der Unverfügbarkeit des Lebens angeführt. Dieses ist bei genauerem Hinsehen jedoch nicht stichhaltig. So gewiß der Schöpfungsglaube im Sinne der jüdisch-christlichen Tradition eine orientierende Funktion auch für die Ethik hat, so wenig lassen sich aus ihm unmittelbare Handlungsanweisungen ableiten. Im Sinne der biblischen Tradition ist die Schöpfung der anthropomorphe, d.h. aber kulturell gestaltbare Lebensraum des Menschen, wie umgekehrt der Mensch Mitgestalter der Schöpfung ist. Anders gesagt: Die biblische Tradition heißt es gut, daß der Mensch nicht nur Produkt, sondern Faktor der Evolution ist. Wenn sich der Mensch als Geschöpf Gottes und seine Umwelt als Schöpfung Gottes versteht, so ist dies von ethischer Relevanz, insofern bei allem Planen und Handeln des Menschen die Frage nach seinem Wesen und dem Sinn seines Tuns aufgeworfen wird. Einzelne Handlungszwecke aber sind vom Sinn der gesamten Lebensführung nochmals zu unterscheiden. Der Schöpfungsglaube ist eine spezifische Antwort auf die Frage nach dem Sinn menschlicher Lebensführung, nicht aber auf die Frage nach einzelnen Handlungszwecken.
Bei der Rede von der Unverfügbarkeit menschlichen Lebens handelt es sich nun um die Umkehr des naturalistischen Fehlschlusses. Verwechselt dieser Seinsaussagen mit Sollenssätzen, so wird in diesem Fall ein moralischer Appell in die Form einer beschreibenden Aussage gekleidet, eine Sollens-Aussage in die Form einer Seinsaussage gebracht. Doch ist gegen die verdeckte Sollens-Aussagen, daß es unmoralisch sei, über das eigene wie über fremdes Leben zu verfügen, mit

[10] Chr. Frey, a.a.O. (Anm. 5), S. 98.

E. Amelung einzuwenden: »Wenn es eine Schöpfungsordnung gibt, dann ist es der Verfügungszusammenhang.«[11] Unser Leben ist so beschaffen, daß wir ständig über anderes Leben verfügen müssen. Die Frage lautet daher nicht, ob wir dies tun sollen, sondern wie wir es ethisch begründet tun können, so daß z.B. nicht der Zweck die Mittel heiligt und nicht nur die Würde des Menschen, sondern auch die Eigenwertigkeit z.B. von Tieren geachtet wird.

Die Rede von der Unverfügbarkeit des Lebens hat in der säkularen Gesellschaft offensichtlich die Funktion, daran zu erinnern, daß der Mensch eine naturale Basis hat, die er nicht zerstören darf, weil sein eigenes Leben an sie gebunden ist. Theologisch ist allerdings zu kritisieren, wenn die Abhängigkeit des Menschen von der Natur mit jener von ihr kategorial verschiedenen schlechthinnigen Abhängigkeit von Gott verwechselt wird, welche die biblische Rede von der Schöpfung zum Ausdruck bringt.

Auch sind Schöpfung und evolutionsbiologisch beschreibbare Natur nicht einfach identisch. Wohl muß sich das, was mit Schöpfung gemeint ist, an der Natur aufzeigen lassen, geht aber in ihr nicht auf. Denn jede Schöpfungsaussage ist werthaltig. Das Bekenntnis des Schöpfungsglauben spricht jenen Satz nach, mit dem die Schilderung jedes Schöpfungstages in der biblischen Genesis endet: »Und siehe, es war sehr gut.« Diese Aussage ist freilich oft genug nur als angefochtenes Bekenntnis gegen die Erfahrungen eines von Sinnlosigkeit und Vernichtung gezeichneten Lebens festzuhalten.

Sofern aber jeder Mensch, um selbst leben zu können, über anderes Leben verfügen muß, ist der biblische Schöpfungsauftrag, über die Schöpfung zu herrschen, sie zu bebauen und zu bewahren[12], gewissermaßen demokratisiert. Dem christlichen Schöpfungsglauben entspricht daher grundsätzlich der Ansatz einer Verantwortungsethik, welche die Verantwortung auf dem Gebiet der Bioethik als Verantwortung aller Mitglieder der Gesellschaft begreift und als politische Konsequenz die Forderung nach größtmöglicher Partizipation aller an den anstehenden Entscheidungsprozessen hat.

Damit komme ich zu einem zweiten Gedankengang. Sind das Handeln Gottes und dasjenige des Menschen im Sinne des biblischen Schöpfungsglaubens zwar aufeinander bezogen, jedoch kategorial unterschieden, dann sind dem Handeln des Menschen im allgemeinen wie auf dem Gebiet der Medizin nicht a priori klar angebbare Grenzen gezogen. Die Grenzen des Handelns müssen vielmehr von Fall zu Fall neu bestimmt werden. Durch die Unterscheidung von Schöpfer und Geschöpf scheint es auf den ersten Blick Gebiete zu geben, in denen

[11] *E. Amelung*, Die Verantwortung der Wissenschaft für das Leben, in: *W. Klingmüller* (Hg.), Genforschung im Widerstreit, Stuttgart ^{2}1986, S. 11-22, hier S. 22.
[12] Vgl. Gen 1,27; 2,15.

menschliche Eingriffe strikt untersagt sind. Faktisch aber ist der Mensch dazu verurteilt, selbst in die Bereiche von Geburt und Tod einzugreifen. Mit dem medizinischen Fortschritt ist uns an den Grenzen des Lebens eine Verantwortung zugewachsen, aus der wir uns nicht durch willkürliche Selbstbegrenzung davonstehlen können, auch nicht unter Hinweis auf vermeintlich christliche Grundwahrheiten. Wohl gibt es eine menschliche Grundpassivität, ohne die der Mensch nicht menschlich wäre. Dazu gehört, daß er geboren wird und daß er sterben muß. Aber die Einsicht in unsere Grundpassivität oder schlechthinnige Abhängigkeit von Gott ist ethisch in einer spannungsvollen Dialektik von Widerstand und Ergebung zu bewähren. Sie darf keinesfalls dazu mißbraucht werden, die Verantwortung Gott zuzuschieben, wo sie uns in Wahrheit selbst übertragen ist. Gerade das haben wir vor Gott zu erkennen. Und dementsprechend müssen wir immer wieder neu fragen, wie wir eingedenk des Geschenkcharakters menschlichen Lebens verantwortlich mit den zu Gebote stehenden medizinischen und technischen Möglichkeiten umgehen.
Die medizinischen Anwendungsmöglichkeiten der Genetik machen es allerdings unerläßlich, über das grundlegende Verständnis von Menschsein und Menschenwürde nachzudenken. Nach biblischer Tradition besteht die Würde des Menschen in seiner Gottebenbildlichkeit. Worin aber besteht diese, und was macht entsprechend die Würde des Menschen aus? Offenbar besteht sie gerade darin, diese Frage stellen zu können, d.h. aber in unserer Fähigkeit und Pflicht zur moralischen Verantwortung. Nach allem, was wir wissen, ist Moral eine spezifisch menschliche Eigenschaft, die uns vom Tier unterscheidet. Tiere haben in unterschiedlichen Graden Bewußtsein, höhere Gattungen möglicherweise sogar ein rudimentäres Selbstbewußtsein, jedoch keine Moral. Sie zeigen bestenfalls moralanaloge Verhaltensweisen. Moral ist ein intersubjektives und damit spezifisch menschliches Phänomen. In ihm ist der Unterschied zwischen Wert und Würde begründet, den Immanuel Kant in seiner »Grundlegung zur Metaphysik der Sitten« folgendermaßen beschrieben hat: »Im Reich der Zwecke hat alles entweder einen Preis oder eine Würde. Was einen Preis hat, an dessen Stelle kann auch etwas anderes, als Äquivalent gesetzt werden; was dagegen über allen Preis erhaben ist, mithin kein Äquivalent verstattet, das hat eine Würde.«[13] Aufgrund seiner Moralität hat das menschliche Dasein einen »Zweck an sich selbst«. Auch wenn wir partiell über andere Menschen verfügen oder über uns verfügen lassen, so ist es doch mit der Würde des Menschen unvereinbar, ihn völlig zu verzwecken und zum Mittel zu degradieren, das der Erreichung anderer Zwecke dient, die nicht dem Betroffenen selbst zugute kommen. Ist

[13] *I. Kant*, Grundlegung zur Metaphysik der Sitten, in: *ders.*, Werke in sechs Bänden, hg. v. W. Weischedel, Bd. IV, Darmstadt [3]1983, S. 7-102, hier S. 68.

Moralität ein intersubjektives Phänomen, so widerspricht es ihrem Wesen, den Mitmenschen als moralfähiges Wesen zu negieren oder zu zerstören, weil mit dem Mitmenschen sich das moralische Subjekt selbst verneinen bzw. aufheben würde.
Die Beschaffenheit seines Seins negiert der Mensch freilich auch, wenn er nur sich und seinesgleichen, nicht aber auch andere Lebewesen moralisch berücksichtigt, mit denen er einen Lebenszusammenhang bildet. Bereits in der Einleitung wurde zwischen anthropozentrischen und physio- oder biozentrischen Ansätzen der Bioethik unterschieden.[14] Gegen sogenannte biozentrische, also von einem gleich gültigen und somit alle Lebensformen vergleichgültigenden Lebensbegriff ausgehende, wie auch gegen sogenannte pathozentrische, die Leidensfähigkeit von Menschen und Tieren zum obersten Kriterium erklärende Ansätze einer Bioethik ist aber geltend zu machen, daß jede Forderung, tierisches und sogar pflanzliches Leben zu achten, immer nur an die Verantwortung des Menschen appellieren kann. Ein ethischer Anthropozentrismus, d.h. eine Ethik, die sich ausschließlich an den Lebensinteressen des Menschen orientiert, widerspricht nicht nur unseren heutigen biologischen und ökologischen Einsichten, sondern auch dem biblischen Schöpfungsglauben.
Radikal physiozentrische Konzeptionen sind freilich theoretisch inkonsistent und begehen oftmals naturalistische Fehlschlüsse. Daß es abgesehen von einem wertenden Wesen absolute Werte in der Natur geben soll, ist eine sinnlose Vorstellung. Wo auf Gott als den Schöpfer dieser außermenschlichen Werte verwiesen wird, muß bedacht werden, daß auch in diesem Fall der Mensch es ist, der eine entsprechende Wertperspektive einnimmt. Er ist es, der unter solcher Voraussetzung die Welt gewissermaßen mit den Augen Gottes betrachtet. Sehr wohl kann aber – mittels hermeneutischer Überlegungen und Analogieschlüsse – das pathozentrische Empfindungsargument einsichtig gemacht werden, wobei freilich zu beachten ist, daß nur der Mensch auf Tiere moralisch Rücksicht nehmen kann, nicht aber umgekehrt.[15] Ist also ein ethischer Anthropozentrismus zurückzuweisen, so bleibt ein erkenntnistheoretischer Anthropozentrismus in jedem Fall unvermeidlich.

[14] Vgl. dazu *B. Irrgang*, Christliche Umweltethik (UTB 1671), München 1992, S. 52ff; *A. Krebs* (Hg.), Naturethik. Grundtexte der gegenwärtigen tier- und ökoethischen Diskussion (stw 1262), Frankfurt a.M. 1997.

[15] Vgl. auch *U. Kohlmann*, Überwindung des Anthropozentrismus durch Gleichheit alles Lebendigen? Zur Kritik der »Animal-liberation-Ethik«, ZPhF 49, 1995, S. 15-35; B. Irrgang, a.a.O. (Anm. 14), S. 35ff. 173ff.

2 Life Sciences
Akzeptanz und Widerstand, Ängste und Hoffnungen

Die Vielstimmigkeit und Polarisierung der öffentlichen Diskussion über die ethische Vertretbarkeit und den gesellschaftlichen Nutzen der sogenannten Life Sciences wird durch zwei aktuelle Vorgänge schlaglichtartig verdeutlicht. Die deutsche Wochenzeitschrift DIE ZEIT berichtete im Herbst 1999 einerseits über die durch einen Vortrag des Philosophen Peter Sloterdijk ausgelöste bioethische Debatte, andererseits über die ökonomischen Auswirkungen mangelnder Verbraucherakzeptanz auf den Wirtschaftssektor der sogenannten grünen Gentechnik.

2.1 Die Sloterdijk-Debatte

Die inzwischen als Sloterdijk-Debatte bezeichnete Diskussion reicht über die Grenzen den Bioethik weit hinaus – abgesehen von der Frage, inwieweit Sloterdijks umstrittene Rede über »Regeln für den Menschenpark«[1] überhaupt eine Argumentation aufbaut, die im strikten Sinne des Wortes als ethisch bezeichnet werden kann.[2] Darauf gehen wir im nächsten Kapitel ein. Der in dieser Debatte ausgefochtene bundesdeutsche Streit über die geistigen Grundlagen der sogenannten Berliner Republik und um die philosophiegeschichtliche und politische Bewertung der sogenannten Frankfurter Schule mag in dem uns beschäftigenden Zusammenhang auf sich beruhen. Als Beispiel für die durch die Life Sciences ausgelösten Widerstände, Ängste und Hoffnungen ist die Sloterdijk-Debatte gleichwohl nicht uninteressant.
Durch die Entwicklung der Gentechnik verschärft sich die Frage nach dem Wesen der Technik überhaupt. Einerseits ist alle Technik vom

[1] *P. Sloterdijk*, Regeln für den Menschenpark. Ein Antwortschreiben zum Brief über den Humanismus, DIE ZEIT Nr. 38, 16.9.1999, S. 15.18-21.

[2] Siehe dazu u.a. die Beiträge von *E. Tugendhat* und *M. Frank* in: DIE ZEIT Nr. 39, 23.9.1999, S. 31-34.

Menschen erfunden und wird vom ihm für seinen eigenen Nutzen eingesetzt. Andererseits droht der Mensch vom Subjekt zum Objekt der Technik zu werden. Diese Problematik wird durch die Gentechnik deshalb verschärft, weil durch ihren Einsatz der klassische Gegensatz zwischen Kultur und Natur eingeebnet wird. Die Natur ist nun nicht nur das Objekt nachträglicher kultureller Bearbeitung, sondern sie wird nun zu einem kulturellen Konstrukt, das ausschließlich menschlichen Bedürfnissen angepaßt ist.
Die Angst, welche durch den rasanten Fortschritt der Life Sciences ausgelöst wird, ist mindestens eine zweifache. Neben der Angst, der Mensch, genauer gesagt die Wissenschaftler, mache sich anheischig, Gott zu spielen, steht die andere, der Mensch könne sich selbst abschaffen, bzw. politisch differenzierter gedacht: eine sich selbst definierende Elite degradiere andere Menschen zu bloßen Objekten, die fremden Zwecken unterworfen werden. Anthropozentrismus, d.h. die einseitige Unterwerfung der Natur unter die Bedürfnisse der menschlichen Gattung oder gesellschaftlich dominierender Gruppen, und Menschenzüchtung bzw. Eugenik sind die Namen für Scylla und Charybdis, zwischen denen sich nach Meinung der Kritiker die Gentechnik bewegt. Umstritten ist nun, ob die Angst, Gott zu spielen, berechtigt oder falsch ist. Die Frage lautet also, ob im Namen der Moral, des abendländischen Humanismus und auch der Religion, insbesondere des Christentums, der Einsatz der Gentechnik strikt limitiert werden soll oder ob die gängigen Moralvorstellungen einer radikalen Revision zu unterziehen sind, wie dies z.B. der amerikanische Philosoph Ronald Dworkin fordert.[3]

2.2 Akzeptanzprobleme der grünen Gentechnik

Neben als bedenklich eingestuften Entwicklungen auf dem Gebiet der medizinischen Genetik stößt vor allem der Einsatz der Gentechnik im Bereich von Landwirtschaft und Lebensmittelproduktion weltweit auf Skepsis bis offene Ablehnung. Inzwischen warnen nicht nur Umweltschützer, sondern auch Bankanalysten vor der grünen Gentechnik. Anfang Oktober berichtete DIE ZEIT, daß Life-Science-Konzerne aufgrund schlechter Bilanzen das Interesse am Agrobusiness verlieren.[4] Auch wenn Firmenvertreter dies öffentlich nur ungern zugeben, verhält es sich doch offenbar so, daß die öffentlich negative Meinung über die grüne Gentechnik handfeste ökonomische Folgen zeigt. Nicht nur in Mitteleuropa hat die grüne Gentechnik erhebliche Akzeptanz-

[3] Vgl. *R. Dworkin*, Die falsche Angst, Gott zu spielen, DIE ZEIT Nr. 38, 16.9.1999, S. 15.17.
[4] *J. Hoffritz*, Raus aus den Kartoffeln, DIE ZEIT Nr. 41, 7.10.1999, S. 21-22.

probleme. Der Widerstand wächst inzwischen auch in den USA. Aber auch in Indien und Japan laufen die Konsumenten gegen Designer-Pflanzen und die aus ihnen gewonnenen Lebensmittelprodukte Sturm. »Die Life-Science-Idee, die einst so umjubelte Kombination aus Arzneimittel- und Agrarindustrie, hat an Glanz verloren. Schon wollen die ersten Konzerne ihre Landwirtschaftssparte wieder loswerden. Um die Pionierunternehmen Monsanto, Novartis und Agrevo ist es merkwürdig still geworden. Sie haben ihre Marketing-Kampagnen zurückgefahren und sind in Deckung gegangen.«[5]

2.3 Kommunikationsprobleme

Offenkundig überwiegen Ängste und Widerstand die gesellschaftliche Akzeptanz der Gentechnik, und dies mit handfesten ökonomischen Folgen. Wenn daher über die Entwicklungschancen der Life-Sciences und ihrer wirtschaftlichen Nutzbarkeit z.B. in Österreich diskutiert wird, ist neben makro- und mikroökonomischen Fragen der ethischen und politischen Problematik erhöhte Aufmerksamkeit zu schenken. Dies ist in erheblichem Maße ein Kommunikationsproblem. Woran es ganz offensichtlich mangelt, sind eine seriös geführte öffentliche Debatte und Diskussionsmechanismen, die eine wirklich differenzierte Auseinandersetzung gestatten, die schlußendlich seriöse politische und ökonomischen Entscheidungen ermöglicht.[6]

Das Kommunikationsproblem der Life-Sciences darf allerdings nicht als bloßes Marketing-Problem angesehen werden. Damit würde das Problem der gesellschaftlichen Akzeptanz allzu sehr verkürzt. Im Gegenteil ist zu erwarten, daß einseitige Medienkampagnen zugunsten der Life-Sciences Ängste und Widerstände in der Bevölkerung eher verstärken werden. Zu Recht urteilen Bank-Analysten, daß sich die Akzeptanzprobleme der grünen Gentechnik kurzfristig nicht lösen lassen. Einstellungsveränderungen sind nur zu erwarten, wenn ein öffentlicher vertrauensbildender Diskurs über die ethische Dignität der Ziele der Gentechnik und die ethische Qualität ihrer Produkte geführt wird.

Es gilt zu beachten, daß der Einsatz von Gentechnik in der Bevölkerung keineswegs pauschal abgelehnt wird. Umfragen haben ergeben, daß sich 60 bis 70 Prozent der Befragten zwar gegen die grüne Gentechnik aussprechen, daß aber ein gleich hoher Prozentsatz die soge-

[5] J. Hoffritz, a.a.O., S. 21.

[6] Siehe dazu u.a. *H.M. Kepplinger/S.Chr. Ehmig/Chr. Ahlheim*, Gentechnik im Widerstreit. Zum Verhältnis von Wissenschaft und Journalismus, Frankfurt a.M./New York 1991; *H. Mohr*, Angst vor den Folgen. Warum die Diskussion über die Gentechnik versachlicht werden muß, EK 29, 1996, S. 567-569.

nannte rote Gentechnik, also ihre pharmazeutische Nutzung befürwortet. Der Einsatz der Gentechnik in der Medizin wird ambivalent beurteilt. Einerseits äußern die Menschen Hoffnungen auf neue Therapien, andererseits fürchten sie eine neue Eugenik. Noch kaum in das Bewußtsein der Öffentlichkeit gedrungen sind die Möglichkeiten der sogenannten grauen Gentechnik, also ihre Einsatzmöglichkeiten im Umweltschutz, sowie die neuen Entwicklungen auf dem Gebiet der Kunststoff- und Faserproduktion.

Allgemein zeigt sich, daß der Einsatz neuer Techniken solange auf Widerstand stößt, als der Nutzen und die Unbedenklichkeit für den Endverbraucher nicht ersichtlich sind. Gerade die grüne Gentechnik hat in dieser Hinsicht ein großes Problem. Denn die Agrarindustrie hat zu lange nur die Landwirte, nicht aber die Endverbraucher als Zielgruppe gesehen. Solange aber der Konsument, der schließlich die neuen Lebensmittel kaufen soll, für sich keinen nennenswerten Vorteil sieht, dafür aber neue Gesundheitsrisiken fürchtet, erübrigt sich die Entwicklung und der Anbau gentechnisch veränderter Pflanzen.

Wenn nun von der Lebensmittelindustrie argumentiert wird, die Gentechnik verbessere z.B. die Haltbarkeit oder die Geschmacksqualität von Produkten, lassen sich derzeit viele Menschen davon noch nicht überzeugen. Denn die Qualität konventionell erzeugter Lebensmittel ist in unseren Breitengraden ohnehin sehr hoch. Auch das Argument der Kostensenkung verfängt kaum in einem Land, in dem man für gutes Essen bereit ist, einen gewissen Preis zu zahlen, und aus niedrigen Preisen eher auf eine minderwertige Qualität schließt. Für die tatsächliche Wirkung von Lebensmittelprodukten aber, denen eine medizinische Wirkung zugeschrieben wird, ist der Beweis von den Herstellern erst noch zu erbringen.

Kaum überzeugend sind auch die von den Agrokonzernen nachgeschobenen Argumente, durch die grüne Gentechnik könnte die Versorgung der Weltbevölkerung mit Nahrungsmitteln entscheidend verbessert werden. Gerade die Landwirtschaft in der sogenannten Dritten Welt wehrt sich zum Teil heftig gegen die Übermacht westlicher Life-Science-Konzerne. In Indien beispielsweise wurden von aufgebrachten Bauern Versuchsfelder verwüstet, auf denen Monsanto mit genmanipuliertem Saatgut auf der Basis der sogenannten Terminator-Technologie experimentierte.[7]

[7] Vgl. *J. Hoffritz*, Aus für den Terminator. Monsanto verzichtet auf umstrittenes steriles Saatgut, DIE ZEIT Nr. 41, 7.10.1999, S. 22.

2.4 Ethik im öffentlichen Diskurs

Was nun die Kommunikationsprobleme der Life-Sciences und die Rolle der Ethik im öffentlichen Diskurs betrifft, sei ein Blick auf das überaus erfolgreiche österreichische Gentechnik-Volksbegehren im Jahre 1997 geworfen. Ohne auf Einzelheiten einzugehen, läßt sich an diesem Beispiel die grundsätzliche Problematik der Gentechnik-Debatte veranschaulichen. So notwendig einerseits eine fundierte Technikfolgenabschätzung und eine Intensivierung der öffentlichen Diskussion über die Nutzung neuer Technologien ist, so bedauerlich ist es andererseits, wenn die zu beobachtende Emotionalisierung der Debatte eine differenzierte Urteilsbildung verhindert. Das gilt nicht zuletzt für die ethische Seite des Problems. Einerseits ist es zu begrüßen, wenn in der Gentechnikdebatte die Berücksichtigung ethischer Gesichtspunkte gefordert wird. Andererseits aber läßt sich beobachten, daß die öffentliche Diskussion auf fragwürdige Weise moralisiert wird. Man kann sich des Eindrucks nicht erwehren, daß die Berufung auf Ethik und Moral, insbesondere auf eine sogenannte Schöpfungsethik, nicht der Versachlichung, sondern im Gegenteil der Emotionalisierung der unstrittig notwendigen Debatte dient. Nicht wenige verwechseln Ethik mit moralischer Entrüstung und eine argumentativ begründete ethische Urteilsbildung mit der appellativen Formulierung eines allgemeinen Unbehagens an der Technik oder einer verständlichen Besorgnis.
Aus ethischer Sicht ist auch bedenklich, daß das Argument von Moral oder Ethik keinesfalls flächendeckend bei der Beurteilung gesellschaftlicher Risiken zum Einsatz kommt. Die öffentliche Diskussion lenkt die Aufmerksamkeit oft nur auf einzelne Faktoren, während z.B. die Entwicklungen im Bereich der Informationstechnologie im Moment kaum unter ethischen Gesichtspunkten diskutiert werden. So geht die Bevölkerung mit dem flächendeckenden Einsatz von Mobiltelefon relativ sorglos um, ohne sich um Probleme des Datenschutzes sonderlich zu scheren.
Gerade die Funktionalisierung der Moral stellt im öffentlichen Diskurs ein erhebliches Problem dar. Es ist vielleicht sogar die Aufgabe des Ethikers, vor Moral, d.h. vor dem schnellen, vorschnellen Einsatz moralischer Argumente zu warnen und auf die klare Unterscheidung zwischen ethischen Problemen im engeren Sinne und Kommunikationsproblemen zu dringen.

2.5 Ethische Aspekte der Gentechnik

Ethische Aspekte der Gentechnik lassen sich exemplarisch anhand des österreichischen Gentechnikgesetzes diskutieren, das eine Reihe relevanter Prinzipien formuliert, die hier kurz aufgelistet seien: das sogenannte Vorsorgeprinzip, das sogenannte Zukunftsprinzip, das Stufenprinzip, das demokratische Prinzip und das sogenannte ethische Prinzip, wobei ich der Ansicht bin, daß das ethische Prinzip nicht neben den anderen Prinzipien steht, sondern diese integriert.[8]

Hinsichtlich der gesellschaftlichen Akzeptanz ist das Augenmerk auf Probleme der Güterabwägung zu richten. Zum einen ist zu beachten, daß die Diskussion in hohem Maße von Werthaltungen bestimmt ist. Zum anderen muß der Begriff des Risikos genauer bestimmt werden.

Anstelle der herkömmlichen Gegenüberstellung von Risiko und Sicherheit sollte man mit N. Luhmann zwischen Risiko und Gefahr unterscheiden.[9] Während Gefahren handlungstranszendente Kontingenzen sind, handelt es sich bei Risiken um die Folge menschlicher Handlungen. In seiner kulturellen Entwicklung hat sich der Mensch stets darum bemüht, unkalkulierbare, natürliche Gefahren zu reduzieren und in kalkulierbare Risiken zu überführen. Doch in der komplexen Gesellschaft können Risiken, welche einzelne Entscheidungsträger einzugehen bereit sind, für andere, die von ihren Entscheidungen betroffen sind, ohne selbst mitentscheiden zu können, zu unkalkulierbaren Gefahren werden. Angesichts der prinzipiellen Unvorhersehbarkeit aller denkbaren Folgen einzelner Handlungen auf die ferne Zukunft ist nicht nur jedes Handeln, sondern auch jedes Nicht-Handeln risikoträchtig.

Hieraus resultiert der heute steigende Bedarf an Ethik. Die aus der Komplexität der Risiken erwachsenden politischen und ökonomischen Konflikte lassen sich nun aber nicht durch die Ethik in letzter Instanz entscheiden, weil auch die ethische Urteilsbildung an Grenzen stößt bzw. in Aporien gerät. So notwendig die ethische Urteilsbildung ist, so wenig kann sie ausschließen, daß wir unter Umständen das Falsche tun oder das Richtige unterlassen. Dennoch ist es möglich, allgemeine ethische Maximen aufzustellen, welche für die Urteilsbildung im Bereich der Gentechnik von Bedeutung sind.

2.6 Religiöse Einstellungen zur Gentechnik

Da ethische Grundhaltungen auch von religiösen Einstellungen abhängen, sind bei unserem Thema auch theologische Aspekte zu be-

[8] Zum folgenden vgl. *U. Körtner*, Ethische Aspekte der Gentechnik. Zur ethischen Beurteilung der Chancen und Risiken gentechnischer Verfahren im Bereich der Pflanzen- und Tierzucht sowie der Lebensmittelerzeugung, Ethica 5, 1997, S. 339-359; *ders.*, Evangelische Sozialethik. Grundlagen und Themenfelder (UTB 2107), Göttingen 1999, S. 254ff (Kap. 10).

[9] Siehe *N. Luhmann*, Soziologie des Risikos, Berlin/New York 1991.

rücksichtigen.[10] Ein in der öffentlichen Debatte immer wieder gebrauchtes Argument verweist auf die Unverfügbarkeit und Heiligkeit des Lebens, auf das wir bereits im vorigen Kapitel eingegangen sind. So gewiß der Schöpfungsglaube im Sinne der jüdisch-christlichen Tradition eine orientierende Funktion auch für die Ethik hat, so wenig lassen sich aus ihm allerdings unmittelbare Handlungsanweisungen ableiten. Wie gezeigt wurde, handelt es sich bei der Rede von der Unverfügbarkeit des Lebens um die Umkehr des sogenannten naturalistischen Fehlschlusses, insofern ein moralischer Appell in die Form einer beschreibenden Aussage gekleidet, eine Sollensaussage in die Form einer Seinsaussage gebracht wird.

Die Rede von der Unverfügbarkeit des Lebens erinnert daran, daß der Mensch eine naturale Basis hat, die er nicht zerstören darf, weil sein eigenes Leben an sie gebunden ist. Die Abhängigkeit des Menschen von der Natur ist aber theologisch von seiner Geschöpflichkeit zu unterscheiden, die man im Anschluß an F. Schleiermacher auf den Begriff der schlechthinnigen Abhängigkeit bringen oder auch als Grundpassivität des Menschen bezeichnen kann. Der Schöpfungsglaube als spezifische Antwort auf die Frage nach dem Sinn des Lebens bietet eine Grundierung der Ethik, kann aber nicht unmittelbar auf materialethische Einzelfragen angewendet werden.

Einem verantwortungsethischen Verständnis von Schöpfungsethik, wie es im vorigen Kapitel skizziert wurde, entspricht die Forderung nach größtmöglicher Partizipation aller Betroffenen an bioethischen Entscheidungsprozessen. Politisch wird diese Forderung z.B. im Demokratieprinzip umgesetzt, welches das österreichische Gentechnikgesetz formuliert. Es besagt, daß alle Bürgerinnen und Bürger an Entscheidungen über den Einsatz der Gentechnik in höchstmöglichem Maße zu beteiligen und in ihrer Entscheidungsfreiheit als Konsumenten zu schützen und zu stärken sind. Ethisch vertretbare Lösungen können nur im Sinne einer Diskursethik ausgehandelt werden. Allerdings ist festzustellen, daß die Verfahrensweisen eines rationalen Diskurses sowohl von Befürwortern wie Gegnern der Gentechnik immer wieder torpediert werden. Auch die Rolle der Ethik ist ambivalent. Statt das Verantwortungsbewußtsein zu schärfen und zur Besonnenheit anzuhalten, führt die Einbringung moralischer Argumente nicht selten zur Verhärtung der Fronten und zur Verschärfung des Konflikts. Moralische Entrüstung aber ist nicht mit einem rationalen ethischen Diskurs zu verwechseln.

10 Siehe dazu ausführlich *U. Körtner*, Solange die Erde steht. Schöpfungsglaube in der Risikogesellschaft (Mensch – Natur – Technik 2), Hannover 1997, passim.

3 Der alte und der neue Mensch
Zur vermeintlichen Antiquiertheit des christlichen Menschenbildes

3.1 Abgesang auf den Humanismus

1956 veröffentlichte der Philosoph Günter Anders ein Buch mit dem Titel »Die Antiquiertheit des Menschen.«[1] Es handelte sich, wie der Untertitel verriet, um Reflexionen »über die Seele im Zeitalter der zweiten industriellen Revolution«, nämlich im Zeitalter der Kernphysik und der Atombombe. Im Zeitalter der Massenvernichtungsmittel, für welches realsymbolisch Auschwitz und Hiroshima stehen, werde der Mensch zur Sache degradiert.
Acht Jahre zuvor hatte die Generalversammlung der Vereinten Nationen unter dem Eindruck der Erfahrung, daß »Verkennung und Mißachtung der Menschenrechte zu Akten der Barbarei führten, die das Gewissen der Menschheit tief verletzt haben«, die Allgemeine Erklärung der Menschenrechte verabschiedet und feierlich erklärt: »Alle Menschen sind frei und gleich an Würde und Rechten geboren. Sie sind mit Vernunft und Gewissen begabt und sollen einander im Geiste der Brüderlichkeit dienen« (Artikel 1). Die Idee der universalen Menschenwürde atmet den Geist des abendländischen Humanismus, aber auch des Judentums und des Christentums, der sich lange genug gegen den Widerstand der Kirchen behaupten mußte. »Die Würde des Menschen«, so erklärte ein Jahr später das Grundgesetz der Bundesrepublik Deutschland, »ist unantastbar.«
Solche Beteuerungen aber können bis heute offensichtlich nicht die »Verwüstung des Menschen« verhindern, die bereits Günter Anders beschrieben hat. Im Zeitalter der zweiten industriellen Revolution werde der Mensch permanent zur Sache degradiert. Das, was die Person zur Sache mache, sei nicht etwa deren wissenschaftliche Behandlung, »sondern die faktische Behandlung des Menschen durch den

[1] *G. Anders*, Die Antiquiertheit des Menschen. Über die Seele im Zeitalter der zweiten industriellen Revolution, München 1961, [5]1980.

Menschen«[2]. Antiquiert sei der Mensch im Atomzeitalter auch deshalb, weil er als moralisches Subjekt der von ihm selbst hervorgebrachten Technik und Technokratie nicht gewachsen sei, deren Gefahrenpotential jedes Vorstellungsvermögen übersteige. Unbeirrt hielt Anders jedoch am Begriff der Menschenwürde fest, den ihm der Vater William Stern »unausrottbar eingepflanzt« hatte[3]. Es ist die Tradition des abendländischen Humanismus, an welchem die Kulturkritik Anders' Maß nimmt.

Vierzig Jahre später sind wir Zeitgenossen und Zeugen einer dritten industriellen Revolution, ausgelöst durch die Informationstechnologien und die Gentechnik, die in den inzwischen als »Life Sciences« bezeichneten Wissenschaftszweigen eine enge Verbindung eingehen.[4] Wie aktuell Anders' Diagnose der Antiquiertheit des Menschen ist, hat in den vergangenen Monaten die durch den Philosophen Peter Sloterdijk ausgelöste Debatte gezeigt. In einer umstrittenen und, wie mir scheint, verqueren Interpretation – postmodern nennt man es wohl eine »Lektüre« – von Martin Heideggers »Brief über den Humanismus« behauptet Sloterdijk nicht nur die Antiquiertheit des Menschen, wie wir ihn bislang kannten, sondern auch die Antiquiertheit des abendländischen Humanismus.[5]

Von Heidegger zu Friedrich Nietzsche fortschreitend, aber auch Platons »Politeia« bemühend, buchstabiert Sloterdijk das Wort »Humanismus« als vergeblichen Versuch der Selbstzähmung des »nicht festgestellten Tieres« Mensch. In Anbetracht der neuen Biotechnologie wirft er die Frage auf, ob an die Stelle der Selbstzähmung die Selbstzüchtung, an die Stelle des althergebrachten Humanismus und seines Menschenbildes eine neue Form der »Anthropotechnologie«, an die Stelle des alten Menschen ein neuer Übermensch treten müsse.

Die Domestikation des Menschen, so Sloterdijk, sei »das große Ungedachte [...], vor dem der Humanismus von der Antike bis in die Gegenwart die Augen abwandte«[6]. Doch in den heute öffentlich diskutierten Fragen nach den eugenischen Anwendungsmöglichkeiten der Gentechnik »bis zu einer expliziten Merkmalsplanung«, nach der möglichen »Umstellung vom Geburtenfatalismus zur optionalen Geburt und zur pränatalen Selektion« beginne sich »der evolutionäre Horizont vor uns zu lichten«[7]. Dies sei die Herausforderung »durch das

2 A.a.O. (Anm. 1), Widmung.

3 Ebd.

4 Zum Stand der Entwicklung siehe u.a. *Austrian Research Centers Seibersdorf* (Hg.), Life Sciences in Österreich, Workshop Wien 21.22.10.1999, Seibersdorf 1999.

5 *P. Sloterdijk*, Regeln für den Menschenpark. Ein Antwortschreiben zum Brief über den Humanismus, DIE ZEIT Nr. 38, 16.9.1999, S.15.18-21.

6 A.a.O. (Anm. 5), S. 20.

7 A.a.O. (Anm. 5), S. 21.

Unumgängliche, das zugleich das Nichtbewältigbare ist«[8] – es sei denn, man wage im Anschluß an Platon, wenn auch vorerst noch hypothetisch, den Gedanken eines »Über-Humanisten« zu denken, dessen Aufgabe in der »Eigenschaftsplanung bei einer Elite« bestünde, »die eigens um des Ganzen willen gezüchtet werden muß.«[9] Mit dem Unterschied freilich, daß die platonische Prämisse eines Gottes und seiner Weisheit, dem dieser Über-Humanist als sein Ebenbild zu entsprechen habe, für die Spätmoderne unerschwinglich sei.

Wie der abendländische Humanismus scheint sich auch das christliche Menschenbild und Verständnis von Menschenwürde im Zeitalter der Biowissenschaften erledigt zu haben. Der amerikanische Philosoph Ronald Dworkin wendet sich gegen »die falsche Angst, Gott zu spielen«[10]. Fragwürdig sei nicht die Gentechnik, sondern die herrschenden, vom Christentum geprägten Moralvorstellungen. Denn die Grenze zwischen Zufall bzw. göttlichem Willen und freier Entscheidung des Menschen, die bis heute das Rückgrat der geltenden Moral – gleich ob religiös oder humanistisch begründet – sei, beginne zu verschwimmen und verschiebe sich zugunsten des freien Willens. So verständlich viele Ängste vor dem eugenischen Mißbrauch der Gentechnik auch seien, so gewiß wäre die Alternative »unverantwortliche Feigheit vor dem Unbekannten«[11]. Im Sinne einer Güterabwägung wird nach Ansicht Dworkins das mögliche Risiko des Mißbrauchs durch die Hoffnung aufgewogen, daß sich die Zahl genetischer Defekte und Mißbildungen senken lasse und möglicherweise wünschenswerte Eigenschaften wie z.B. die Intelligenz gesteigert werden könnten.

3.2 Kritik des Über-Humanismus

Es wäre verfehlt, wollte man sich über diesen neuen Über-Humanismus moralisch entrüsten, ohne Gegenargumente beizubringen. Auch wäre der vorschnelle Rückzug auf das sturmfreie Gebiet des Glaubens theologisch fatal. Im ethischen Diskurs einer pluralistischen Gesellschaft genügt es nicht, religiöse Gewißheiten im Stil dezisionistischer Bekenntnisse vorzutragen. Für den Glauben gibt es keine rationale Letztbegründung, wohl aber gute Gründe, über die sich mit vernünftigen Argumenten Auskunft geben läßt.

[8] Ebd.

[9] Ebd.

[10] *R. Dworkin*, Die falsche Angst, Gott zu spielen, DIE ZEIT Nr. 38, 16.9.1999, S. 15.17.

[11] A.a.O. (Anm. 10), S. 17.

Es bedarf keiner theologischen Begründung, um die Haltlosigkeit des reduktionistischen Menschenbildes, das teilweise aus den Erkenntnissen der Molekularbiologie abgeleitet wird, zu durchschauen. Die Frage, was der Mensch ist, läßt sich rein biologisch nicht beantworten. Die Antwort nämlich, es handele sich um die Gattung des Homo sapiens, definiert ihn als Tier und reduziert das Wesen des Menschen auf eine differentia specifica, die ihn von anderen Tiergattungen unterscheidet.

Auch Krankheit und Gesundheit sind keine rein naturwissenschaftlich bestimmbaren Phänomene, sondern letztlich eine soziale Konstruktion, die einen biologisch beschreibbaren Sachverhalt einschließt, ohne mit diesem identisch zu sein. Die deterministische Annahme, daß Gene unser Schicksal bestimmen und daß ein direkter kausaler Zusammenhang zwischen genetischen Abweichungen und dem Ausbruch von Krankheiten oder Behinderungen besteht, ist medizinisch betrachtet falsch. Nicht einmal bei sogenannten monokausalen Erberkrankungen wie der Chorea Huntington, deren Ausbruch sich heute sehr genau vorhersagen läßt, besteht ein linearer Determinismus. In Wirklichkeit besteht zwischen Genen, individueller Entwicklung und Umwelt des Individuums ein überaus komplexes Wechselspiel, über das bisher wenig bekannt ist. Auch nach Abschluß des Humangenom-Projektes, der vollständigen Entschlüsselung des menschlichen Genoms, gilt, daß die Genetiker zwar viel wissen, aber nur wenig verstehen. Abgesehen davon, daß es noch lange dauern wird, die Karte des menschlichen Genoms richtig lesen zu können – noch nicht einmal über die Zahl der Gene herrscht Klarheit! –, wäre es völlig unsinnig, einer deterministischen »Genmystik« (Th. Assheuer) aufzusitzen.[12]

Die neuen Über-Humanisten irren auch in der Annahme, daß der eugenische Einsatz der Gentechnik zur endgültigen Befreiung des Menschen vom Schicksal führe. In Wahrheit führen die Fortschritte auf den Gebieten der medizinischen Genetik, der prädiktiven Medizin und der Reproduktionsmedizin zu neuen Erscheinungsformen des Schicksals. Der christliche Gottesglaube, der im Menschen das Ebenbild Gottes sieht, ist keineswegs eine Variante des Schicksalsglaubens, wie Dworkin unterstellt, sondern hat im Gegenteil, historisch betrachtet, zur Depotenzierung des Schicksals geführt, dem nach antiker Vorstellung selbst die Götter unterworfen waren. Daher hat das neuzeitliche Dementi des christlichen Gottes, für welches die mehrdeutige Formel des Todes Gottes geprägt wurde, keineswegs den Weg zur endgültigen Befreiung des Menschen vom Schicksal geebnet, sondern, wie der Philosoph Odo Marquard argumentiert, zur Wiederkehr des Schicksals geführt.

[12] Vgl. *Th. Assheuer*, Die neue Genmystik, DIE ZEIT Nr. 28, 6.7.2000, S. 37.

Nicht zuletzt die gegenwärtigen Diskussionen über die medizinischen Einsatzmöglichkeiten der Gentechnik zeigen, wie schwierig es für den Menschen ist, nach dem Ende des christlichen Gottes menschlich zu bleiben. Damit soll nicht behauptet werden, daß sich die Idee der Menschenwürde ausschließlich christlich begründen ließe, wohl aber auf die Aporien hingewiesen werden, in welche dieser Gedanke gerät, wenn die Möglichkeit seiner religiösen Begründbarkeit bestritten wird.

Die Künder eines neuen Zeitalters der »Anthropotechnologie« scheinen die Augen davor zu verschließen, daß sich nicht etwa nur die erfolglose, sondern gerade auch die erfolgreiche Machensplanung, zumindest teilweise, um den Erfolg bringt. »Darum wird – im Zeitalter des schicksalsvernichtenden Machenseifers der Menschen – das Gutgemeinte nicht das Gute; das absolute Verfügen etabliert das Unverfügbare; die Resultate kompromittieren die Intentionen; und die absolute Weltverbesserung mißrät zur Weltkonfusion.«[13]

Sloterdijk oder Dworkin haben schon Recht: Wegen der Unverfügbarkeit der Folgen des eigenen Planens und Handelns müssen die Menschen versuchen, mit dem Fortschritt des Machens und seinen Größenordnungen Schritt zu halten und Techniken entwickeln, mit neu produzierten Kontingenzerfahrungen zu leben. Gerade diese Techniken aber – und zu ihnen gehört die Gentechnik – »reaktivieren das Fatum«.[14]

3.3 Christliche Anthropologie und Kultur der Solidarität

So bestünde denn der Beitrag des Christentums zur anthropologischen und gesellschaftspolitischen Diskussion der Gegenwart darin, auf eine andere Möglichkeit der Kontingenzbewältigung hinzuweisen, die vom Zwang des selbstproduzierten bzw. von anderen verfügten Schicksals befreit, den Günter Anders treffend als das bezeichnet hat, was er ist: die Verwüstung des Menschen durch den Menschen. Es ist dies das Ethos des Sein-Lassens, das sich darauf gründet, daß sich der Mensch nicht sich selbst verdankt und in die Welt bringt.

Auch die christliche Anthropologie kennt den Unterschied zwischen dem alten und dem neuen Menschen. Auch sie redet davon, daß noch nicht erschienen ist, was wir sein werden.[15] Aber es handelt sich hierbei um eine eschatologische Differenz, d.h. um den Hinweis auf die

[13] *O. Marquard*, Abschied vom Prinzipiellen. Philosophische Studien, Stuttgart 1980, S. 81.
[14] O. Marquard, ebd.
[15] I Joh 3,2.

letztgültige Bestimmung und Vollendung des Menschen, die von ihm selbst nicht zu leisten ist. Der alte Mensch aber in seiner Endlichkeit, seiner Unvollkommenheit und Gebrochenheit, in seinem Versagen und seiner Schuld ist es, dem die bedingungslose Zuwendung Gottes gilt und den der Mensch Gottes als seinesgleichen lieben soll.

Daß auch der im Glauben von Gott gerechtfertigte Mensch Sünder bleibt, ist eine Grundaussage christlicher Anthropologie. Er vermag weder sich selbst noch die Welt zu verbessern, weder auf dem Weg der Moral noch durch irgendeine »Anthropotechnologie«. Der alte Mensch im biblischen Sinne ist nicht verbesserungs-, sondern vergebungsbedürftig. Das schöpferische Wort der Vergebung aber macht ihn nicht besser, sondern neu. Glück oder Heil ist keine sinnvolle therapeutische Zielsetzung, weder auf der individuellen Ebene noch im Hinblick auf die menschliche Gattung.

Die Kritik an Utopien der technischen Vervollkommnung oder Transzendierung des Menschen schließt ebenso wenig wie die Unterscheidung zwischen seiner Vergebungs- und seiner vermeintlichen Verbesserungsbedürftigkeit das Bemühen um die Wiederherstellung der Gesundheit oder um die Verbesserung eines Leidenszustandes aus. Im Sinne von D. Bonhoeffers Unterscheidung zwischen dem Letzten und dem Vorletzten ist jedoch zwischen dem Bemühen um eine relative Verbesserung der geschöpflichen Lebenswirklichkeit und einer Erlösungs- oder Vollkommenheitsutopie zu unterscheiden.[16]

Theologisch betrachtet gründet die Würde des Menschen in der zuvorkommenden Gnade Gottes, welche in der neutestamentlichen Botschaft von der bedingungslosen Rechtfertigung des Sünders ihre Zuspitzung erfährt. Darum hängt auch das Lebensrecht eines Menschen gerade nicht von bestimmten intellektuellen Fähigkeiten oder seiner körperlichen Verfassung ab. Dies folgt aus dem Zusammenhang, der zwischen Rechtfertigungslehre und Christologie besteht. Die christliche Anthropologie nimmt nicht an einer allgemeinen Idee des Menschen und seiner Idealgestalt, sondern am leidenden und gekreuzigten Christus Maß, der »keine Gestalt« hatte, »die uns gefallen hätte« (Jesaja 53,2). Von hier aus ist auch die Gottebenbildlichkeit des Menschen, die im Rahmen der christlichen Schöpfungslehre ausgesagt wird, näher zu bestimmen.

Daß Personalität und Moralität die Bestimmung des Menschen sind und seine Würde ausmachen, gilt für jedes menschliche Individuum unabhängig von seinen faktischen geistigen Fähigkeiten. Zwischen Personsein und Menschsein läßt sich nämlich nicht unterscheiden. Vielmehr sind, wie der englische Philosoph Peter F. Strawson nachweist, »Mensch« und »Person« einander wechselseitig interpretieren-

[16] Vgl. *D. Bonhoeffer*, Ethik, hg. v. I. Tödt u.a. (DBW 6), Gütersloh ^{2}1998, S. 137ff.

de Begriffe, die keineswegs durch Kombination ursprünglicherer Begriffe entstehen, sondern »logisch primitiv« sind.[17] Das Personsein besteht also nicht in der Summe einzelner Eigenschaften.

Auf den ersten Blick mag dies nicht einleuchten und wird heute von utilitaristisch argumentierenden Ethikern bestritten, die vor allem der christlichen Ethik vorwerfen, einen unbegründeten Speziezismus bzw. Vitalismus zu vertreten. Das Prinzip der Menschenwürde und ihrer Unantastbarkeit privilegiert jedoch nicht die menschliche Gattung als biologische Spezies, sondern als Klasse solcher Individuen, die prinzipiell die Fähigkeit zu sittlichem Handeln haben. Als soziales Wesen partizipiert der einzelne Mensch am Wesen der Gattung, auch wenn er dieses nur fragmentarisch realisiert. Personalität bzw. Menschsein aber transzendiert jede biologische Beschreibbarkeit. Sie hat den Charakter des Geheimnisses. Und eben in dieser Geheimnishaftigkeit erblickt der christliche Glaube das Abbild der Geheimnishaftigkeit Gottes.

Die vermeintliche Humanisierung des Menschen durch Züchtung wäre daher in Wahrheit kein Überhumanismus oder Antihumanismus, sondern schlicht und einfach inhuman und barbarisch. Daher ist aus christlicher Sicht jede »Anthropotechnologie« zu verurteilen, welche darauf abzielt, den Menschen, wie wir ihn kennen, in seinem Grundwesen zu verändern bzw. faktisch von der Erde verschwinden zu lassen. Unbestritten eröffnet die Gentechnik auf den Gebieten der Diagnostik und der Therapie neue Möglichkeiten, die ethisch akzeptabel sind. Es muß aber allen Tendenzen entgegengewirkt werden, die einer eugenischen Mentalität in der Gesellschaft Vorschub leisten und ein Klima der Diskriminierung gegenüber Behinderten und ihren Angehörigen erzeugen.

Daß die Würde des Menschen unantastbar ist, gilt nicht nur für die sogenannten Gesunden, sondern auch für Behinderte, Kranke, Unheilbare und Sterbende. Welches Maß an Solidarität eine Gesellschaft den Schwächsten ihrer Mitglieder entgegenbringt, ist das entscheidende Maß für ihre Menschlichkeit. Nicht von Gendefekten, sondern von moralischen Defekten, zu denen die Entleerung des Solidaritätsbegriffes gehört, gehen die wirklichen Gefahren aus. Was wir brauchen, ist nicht eine »Anthropotechnologie«, sondern die Erneuerung einer Kultur der Solidarität.

[17] Vgl. *P.F. Strawson*, Individuals, London [10]1993; *A.G. Wildfeuer*, Art. Person, 1. Philosophisch, Lexikon der Bioethik, Bd. 3, Gütersloh 1998, S. 5-9, hier S. 9.

4 Gesundheit um jeden Preis? Ziele und Kosten des medizinischen Fortschritts aus ethischer Sicht

4.1 Die Medizin vor der Sinnfrage

Titel und Untertitel dieses Kapitels sind mit Absicht doppeldeutig formuliert. Die gesundheitspolitische Diskussion wird momentan vor allem durch die Frage nach der Finanzierbarkeit des Gesundheitssystems, durch den Streit zwischen den Interessenvertretern der Ärzteschaft, der Apotheker und der Pharmaindustrie, den Krankenkassen, Krankenhausträgern und politischen Entscheidungsträgern über die Zukunft des Solidarsystems und die gerechte Verteilung der zur Verfügung stehenden Ressourcen sowie der finanziellen Lasten, Probleme also der sogenannten Allokation, der ökonomischen und sozialen Gerechtigkeit beherrscht. So gewichtig diese politischen und ökonomischen Streitfragen auch in medizinethischer Sicht sind[1], so kurzsichtig wäre es, sich ihnen unmittelbar im Sinne einer angewandten Ethik zuzuwenden, ohne die mit ihnen verbundenen Grundsatzfragen aufzuwerfen. Die ökonomische Frage nach einem ausgewogenen Verhältnis der Kosten und Nutzen im Gesundheitswesen kann nicht abgesehen von der Frage nach den allgemeinen Zielen heutiger Medizin und ihrem gesellschaftlichen Stellenwert beantwortet werden. Die ganze Diskussion greift zu kurz, solange lediglich unter den Schlagworten der Rationalisierung und Rationierung nach der *Effizienz*, nicht aber nach dem *Sinn* des Ganzen gefragt wird. Die gesundheitspolitischen und medizinökonomischen Auseinandersetzungen haben insofern ihr Gutes, als sie Medizin und Gesellschaft mit der allzu gern verdrängten Sinnfrage konfrontieren.

1 In Deutschland hat sich die Diskussion in jüngster Zeit v.a. an einem Beitrag von O. Höffe entzündet. Siehe *O. Höffe*, Medizin in Zeiten knapper Ressourcen oder Besonnenheit statt Pleonexie, Dt. Ärzteblatt 95, 1998, H.5, B-174-177, sowie die Repliken von *P. Dabrock*, *T. Jähnichen*, *W. Stierle* und *Chr. Frey* in ZEE 43, 1999, H.1, S. 2-35.

Dann aber stellt sich die Frage nach Kosten und Nutzen der Medizin in einem übertragenen, besser gesagt viel elementareren Sinn, nämlich als Frage nach ihrem *Wozu.*[2] Vor dem ökonomischen Begriff des Wertes und der Wertschöpfung hat der ethische Begriff des Wertes zu stehen. Denn alles medizinische Handeln richtet sich auf Krankheit und Gesundheit, bei denen es sich keineswegs um rein biologische oder naturwissenschaftlich-pathologische Kategorien, sondern in erster Linie um Wertbegriffe handelt, deren Gehalt von individuellen, gesellschaftlichen und auch religiösen Prämissen und Deutungsmustern abhängt.[3] Gesundheit ist ein individuelles und gesellschaftliches Gut, das keineswegs nur seinen ökonomischen, sondern auch seinen Preis auf der Ebene individueller und gesellschaftlicher Sinnfindung und somit auf der Ebene zwischenmenschlicher Beziehungen hat.

Wichtig, aber immer noch unzureichend, ist die häufig gestellte Frage, ob die Medizin darf, was sie heute kann. So gewiß nicht der Zweck jedes Mittel heiligt, steht doch die Frage nach dem Wozu vor jeder Frage nach dem möglichen Ob und Wie. Diese Frage aber wird in unserer Gesellschaft, selbst unter dem Druck realer oder vermeintlicher Sparzwänge im Gesundheitswesen, weithin verdrängt. Solange sie nicht wirklich gestellt wird, bleiben alle Debatten darüber, ob die moderne Hochleistungsmedizin darf, was sie kann, Scheingefechte.[4] Solange die ethisch-wertmäßigen Grundlagen des Systems nicht zur Diskussion gestellt werden, kann systemimmanent die Antwort nur lauten, daß die Medizin im Einzelfall nicht nur tun *darf,* sondern sogar tun *muß*, was sie kann, wollen sich die behandelnden Ärztinnen und Ärzte nicht der Gefahr aussetzen, im Zweifelsfall wegen fachlicher Inkompetenz oder unterlassener Hilfeleistung kritisiert und unter Umständen sogar gerichtlich belangt zu werden. Die Hochleistungsmedizin muß tun, was sie kann, solange sie im Teufelskreis der von ihr selbst geweckten und sich immer weiter steigernden Erwartungen gefangen bleibt, mit denen ihr die Patienten entgegentreten.

Der hohe Erwartungsdruck schlägt sich nieder in einer extremen Verrechtlichung des Arzt-Patienten-Verhältnisses, der äußerst ambivalent ist. Einerseits dient die Ausdehnung der Patientenrechte der unbedingt zu begrüßenden Stärkung ihrer Autonomie. Andererseits führt er zu einer »Defensivmedizin«[5], bei welcher der Arzt mehr bemüht ist, die

2 Vgl. dazu u.a. *H. Piechowiak*, Eingriffe in menschliches Leben. Sinn und Grenzen ärztlichen Handelns, Frankfurt a.M. 1987.

3 Siehe dazu ausführlich *U. Körtner*, Wie lange noch, wie lange? Über das Böse, Leid und Tod, Neukirchen-Vluyn 1998, S. 53ff (Kap. 3).

4 Vgl. *Chr. Frey*, Was können und dürfen Menschen tun? Überlegungen aufgrund eines christlichen Menschenbildes, in: *ders.*, Konfliktfelder des Lebens. Theologische Studien zur Bioethik, Göttingen 1998, S. 197-210.

5 Vgl. *L. Honnefelder,* Art. Medizinethik 2.1-2.4, Lexikon der Bioethik; Bd. 2, Gütersloh 1998, S. 652-659, hier S. 654.

medizinisch falschen Handlungen zu vermeiden, als die richtigen Maßnahmen zu ergreifen. Von einer Defensivmedizin kann man aber auch insofern sprechen, als die Hochleistungsmedizin vor dem – von ihr selbst geförderten! – Anspruchsdenken die Flucht nach vorn antritt und den Spielraum ihrer Handlungsmöglichkeiten durch weiteren technischen Fortschritt auszudehnen versucht. Der kostenintensive Fortschritt in Diagnostik, Therapie und Prävention verschärft abermals die Problematik der Allokation, d.h. knapper Ressourcen und ihrer gerechten Bewirtschaftung, erhöht also nochmals den Handlungs- und Entscheidungsdruck im Bereich ärztlichen Handelns.
Vor der Frage nach den Grenzen verantwortbaren medizinischen Handelns hat also diejenige nach seinen Zielen zu stehen. Nur wenn die elementare Frage nach dem Selbstverständnis der Medizin, d.h. aber auch nach den sie leitenden Begriffen von Krankheit und Gesundheit gestellt wird, lassen sich auch die Grenzen medizinischen Handelns und ärztlicher Verantwortung bestimmen. Vom Sinn medizinischen Handelns ist nochmals die für den betroffenen Menschen unabweisbare Frage nach dem Sinn von Gesundheit und Krankheit, Behinderung und Leiden, Geburt und Tod zu unterscheiden. Sie aber kann von der Medizin nicht beantwortet werden, es sei denn um den Preis ihrer Überhöhung zu einer Heilslehre, der von der Gesellschaft die alleinige Definitionsmacht über das Menschsein eingeräumt wird. Sonst aber markiert vor allen ethischen oder juristischen Grenzziehungen die Frage nach dem Sinn des Leidens die Grenzen der Medizin. Sie stößt dort an ihre Grenzen, wo sie gerade aufgrund ihres Erfolges in Aporien gerät, welche die Sinnhaftigkeit ihres Tuns in Frage stellen.[6]

4.2 Krankheit und Gesundheit

Die Medizin ist weder eine reine Naturwissenschaft noch eine Geisteswissenschaft, sondern eine praktische oder Handlungswissenschaft.[7] Zielsetzung und Anlaß medizinischen Handelns werden durch die Begriffe »Gesundheit« und »Krankheit« benannt. »Gesundheit« ist die teleologische, »Krankheit« die legitimatorische Kategorie der Medizin.[8] Beide Begriffe lassen sich aber nicht rein medizinisch definie-

6 Vgl. *A. Labisch/N. Paul*, Art. Medizin 1, Lexikon der Bioethik, Bd. 2, Gütersloh 1998, S. 630-642, hier S. 636f.

7 Siehe dazu u.a. *F. Anschütz*, Ärztliches Handeln. Grundlagen, Möglichkeiten, Grenzen, Widersprüche, Darmstadt 1987; *Th.v. Uexkül/W. Wesiack*, Theorie der Humanmedizin, Grundlagen ärztlichen Denkens und Handelns, München u.a. 1988; *W. Wieland*, Strukturwandel der Medizin und ärztliche Ethik. Philosophische Überlegungen zu Grundfragen einer praktischen Wissenschaft, Heidelberg 1986.

8 Vgl. A. Labisch/N. Paul, a.a.O. (Anm. 6), S. 631.

ren und unterliegen kulturellen und geschichtlichen Veränderungen. Auch differiert die Sicht, welche Patient und Arzt von Krankheit und Gesundheit haben.

Allgemein läßt sich die Erfahrung von Krankheit als Krise im menschlichen Dasein, als Beeinträchtigung oder Verlust selbstbestimmter Lebens- und Handlungsfähigkeit charakterisieren. Gesundheit bezeichnet demgegenüber das Wohlbefinden einer uneingeschränkten Vitalität und Aktionsfähigkeit. Gesundheit und Krankheit sind aber keine abstrakt-normativen, sondern relationale Begriffe, die in komplexer Weise subjektive und objektive Elemente in sich vereinen und sich wechselseitig erläutern. Was Krankheit ist, bestimmt sich im Gegensatz zur Gesundheit, was Gesundheit meint, umgekehrt im Kontrast zur Krankheit. Rein formal betrachtet verhalten sich Gesundheit und Krankheit zueinander wie Norm und Abweichung.[9] Doch worin die Norm und worin die Abweichung besteht, hängt vom jeweiligen Bezugssystem und Interpretationsrahmen ab.

Ihre normative Funktion üben die Begriffe »Krankheit« und »Gesundheit« nur aus, sofern sie in der Form eines Urteils auftreten, welches ein entsprechendes Handeln, genauer gesagt, eine entsprechende Interaktion zwischen Personen mit sozialen und ökonomischen Folgen nach sich zieht. Relevant wird die Unterscheidung von Gesundheit und Krankheit erst, wo jemand sich selbst für krank oder gesund erklärt oder aber von anderen für gesund oder krank erklärt wird. Dabei können die subjektive Selbsteinschätzung und die Fremdwahrnehmung voneinander abweichen, ohne daß man die Außenperspektive z.B. des Arztes einfach als rein objektive und die Binnenperspektive des Patienten als rein subjektive Sicht von Krankheit bzw. Gesundheit betrachten kann.

In jedem Fall vollzieht sich die Bestimmung von Krankheit und Gesundheit in zwischenmenschlicher Kommunikation, konkret in der Kommunikation zwischen Arzt und Patient, die ihrerseits eingebunden ist in das gesellschaftliche Gesundheitssystem.[10] Entsprechend kann die konkrete Bestimmung von Krankheit und Gesundheit auf drei Ebenen erfolgen. Nach K. Jaspers ist es in erster Linie der Patient, welcher über das Vorhandensein von Gesundheit oder Krankheit befindet, da letztendlich er bestimme, wann er krank ist.[11] Nach V.v. Weizsäcker liegt die Feststellung von Krankheit und Gesundheit beim Arzt, der sich im Kommunikationsgeschehen ein Bild vom Kranken

[9] Vgl. *G. Canguilhem*, Das Normale und das Pathologische, Frankfurt a.M. 1977.

[10] Vgl. *E. Amelung*, in: *ders.* (Hg.), Ethisches Denken in der Medizin. Ein Lehrbuch, Berlin u.a. 1992, S. 19-53.

[11] Vgl. *K. Jaspers*, Die Idee des Arztes und ihre Erneuerung, Universitas 8, 1953, S. 1121-1131.

macht: »Ich nenne (!) den krank, der mich als Arzt anruft und in dem ich als Arzt die Not anerkenne. Für die Urteilsaussage ›diese ist krank‹ ist ›die bestimmende Kategorie‹: der Arzt.«[12] Dieser ist freilich ebenso wie der Patient eingebunden in das medizinische Versorgungssystem einer Gesellschaft, so daß man mit gleichem Recht behaupten kann: »Der Krankheitsbegriff, so unscharf er auch immer sein mag und so sperrig er sich für die konkreten Abgrenzungsnotwendigkeiten eines Versorgungssystems darstellt, wird, solange es die gesetzliche Krankenversicherung gibt, vom Versorgungssystem selbst definiert.«[13]
Krankheit und Gesundheit sind also letztlich eine soziale Konstruktion, nicht ein objektiver biologischer Tatbestand. Allerdings ist die vollständige Ablösung des Krankheitsbegriffs von biologisch beschreibbaren organismischen Sachverhalten unhaltbar.[14] Andernfalls hätte eine naturwissenschaftlich fundierte Medizin kein Kriterium mehr, anhand dessen sie über ihre Zuständigkeit entscheiden könnte. Auch würden die theoretischen Voraussetzungen ihrer Methoden entfallen, deren Anwendung damit aber sinnlos bzw. völlig unkontrollierbar wäre.

Gleichwohl steckt im Krankheitsbegriff ein erhebliches Dilemma der Medizin. Der Siegeszug der modernen Medizin beruht auf einer naturwissenschaftlichen Sicht von Krankheit, welche diese von der Person des Patienten und seiner individuellen Lebensgeschichte ablöst. Wurden Krankheiten in der Antike und noch im Mittelalter als persönlichkeitsspezifische, auch zeitlich und örtlich je besondere Gesundheitsstörungen betrachtet, als persönliches Schicksal, für das es eine metaphysische Begründung gibt, so entwickelte die Medizin im 19. Jahrhundert einen analytischen, von ontologischen oder metaphysischen Annahmen abgelösten Krankheitsbegriff.[15] Seine scheinbare naturwissenschaftliche Objektivität wird freilich durch ein dezisionistisches Element unterlaufen, muß doch der Beobachter, d.h. der die Diagnose stellende Arzt eine Entscheidung treffen, wann ein organischer Prozeß tatsächlich pathologisch oder nur eine Variante des normal Physiologischen ist.

Die Feststellung von Krankheit und Gesundheit aufgrund ärztlicher Beobachtung erfolgt eben keineswegs zweckfrei, wie es idealtypisch bei einer theoretischen Wissenschaft der Fall ist (auch wenn selbst

12 *V.v. Weizsäcker*, Der Arzt und der Kranke, in: *ders.*, Gesammelte Schriften, Bd. 5, Frankfurt a.M. 1987, S. 9-26, hier S. 13.

13 E. Amelung, a.a.O. (Anm. 10), S. 36.

14 Vgl. *J. Willi/E. Heim*, Psychosoziale Medizin. Gesundheit und Krankheit in bio-psycho-sozialer Sicht, 2 Bde., Berlin u.a. 1986.

15 Vgl. *H. Schipperges*, Gesundheit – Krankheit – Heilung, in: *F. Böckle* (Hg.), Christlicher Glaube in moderner Gesellschaft, Bd. 10, Freiburg/Basel/Wien 1980, S. 51-84; *K.E. Rothschuh* (Hg.), Konzepte der Medizin in Vergangenheit und Gegenwart, Stuttgart 1978.

hier die Zweckfreiheit eine problematische Maxime ist), sondern immer schon aus der Handlungsperspektive, vorderhand mit der Absicht, die eigene Zuständigkeit zu reklamieren oder abzuweisen.[16] Handlungstheoretisch betrachtet enthält jede Diagnose ein konstruktives Element. Die Feststellung einer Krankheit ist kein analytisches, sondern ein synthetisches Urteil. Die ältere Vorstellung, wonach Krankheiten klar voneinander unterscheidbare substantielle Einheiten sind, hat sich als unhaltbar erwiesen. An ihre Stelle sind mengentheoretische Modelle getreten.[17] Was die Krankheitsursachen betrifft, so sind iatromechanische monokausale Modelle inzwischen durch das Konzept der multifaktoriellen Verursachung abgelöst worden.[18] Der von ihnen verwendete Begriff der Kondition unterscheidet nicht mehr zwischen Ursache und Bedingung. Der Ausbruch von Krankheiten ist also eine Frage der Wahrscheinlichkeit. Die Diagnose verhält sich darum zu Therapie und Prognose nicht einfach wie die Theorie zur Praxis oder Anwendung. Die Wahl der richtigen Therapie erfolgt keineswegs zwangsläufig aus der oft unsicheren und ungenauen Diagnose. Vielmehr wird die genaue Diagnose oft umgekehrt erst aus einer erfolgreich verlaufenen Therapie abgeleitet.

Zwischen medizinischer Krankheitslehre und Diagnostik auf der einen Seite und gesellschaftlichen Wertvorstellungen auf der anderen Seite besteht nun ein kompliziertes Wechselspiel. Die hierbei eingetretenen Veränderungen und Erweiterungen der Begriffe »Krankheit« und »Gesundheit« führen in der hochtechnisierten modernen Gesellschaft zu einer ständigen Ausdehnung der Reichweite medizinischer Verantwortung. Die Erfolgsgeschichte der modernen Medizin hat dazu geführt, daß diese im Bereich von Krankheit und Gesundheit – wenn auch nicht vollständig, so doch weitgehend – das Definitions- und Handlungsmonopol erlangt hat. Selbst die Definition von Leben und Tod wird inzwischen der Medizin übertragen, wie entsprechende Bestimmungen z.B. des deutschen Organtransplantationsgesetzes zeigen. Abweichende Deutungssysteme und Sinnwelten werden dementsprechend »nihiliert«[19] oder nur noch als Außenseiterpositionen wahrgenommen.

Die Definitionsmacht der modernen Medizin äußert sich in einer zunehmenden Pathologisierung von physiologischen und psychischen Zuständen, von Einzelpersonen und ganzen Bevölkerungsgruppen. Dadurch weitet die Medizin ihren Zuständigkeitsbereich fortwährend

[16] Vgl. *W. Wieland*, Diagnose. Überlegungen zur Medizintheorie, Berlin u.a. 1975.

[17] Vgl. *A.R. Feinstein*, Clinical judgement, Baltimore 1967.

[18] Vgl. *G. Rager*, Art. Medizin 2, Lexikon der Bioethik, Bd. 2, Gütersloh 1998, S. 642-646, hier S. 646.

[19] Vgl. *P.L. Berger/Th. Luckmann,* Die gesellschaftliche Konstruktion der Wirklichkeit. Eine Theorie der Wissenssoziologie, Frankfurt a.M. 1969.

aus. Allerdings gibt es auch Beispiele für ihre Selbstbeschränkung. Erinnert sei z.B. daran, daß die WHO vor längerer Zeit die Homosexualität aus ihrer Liste der Krankheiten gestrichen hat. Zahlreiche Gegenbeispiele lassen sich dagegen aus dem Gebiet der Reproduktionsmedizin, der Genetik und der prädiktiven Medizin anführen. Sterilität gilt zunehmend als behandlungsbedürftige Krankheit, bis dahin, daß inzwischen der Rechtsanspruch auf die Übernahme der Kosten für eine In-Vitro-Fertilisation durch die Krankenkassen formuliert wird.

Mit der Ausweitung der medizinischen Interventionsmöglichkeiten und Zuständigkeitsansprüche wachsen also zugleich die Ansprüche des Einzelnen und der Gesellschaft an die Medizin. Gesundheit in einem denkbar weiten Sinne gilt heute als des Lebens höchstes Gut. Schon mit der Entwicklung einer hochindustrialisierten Gesellschaft »wurde Gesundheit vollends zu einem Begriff, der die Gesellschaft durchdrang und gestaltende Kraft entfaltete. Gesundheit wurde eine allgemein verbindliche Lebens- und Verhaltensrichtlinie.«[20]

In zweifacher Hinsicht ist sie ein wichtiges wirtschaftliches Gut. Zum einen dient sie der Erhaltung oder Wiederherstellung qualifizierter Arbeitskräfte. Zum anderen hat sich die moderne Hochleistungsmedizin zu einem wichtigen Segment der Volkswirtschaft entwickelt. »Die naturwissenschaftliche Medizin des ausgehenden 19. und frühen 20. Jahrhunderts war gleichsam die reproduktive Nachhut der Industrialisierung. Die Medizin des ausgehenden 20. und frühen 21. Jahrhunderts ist demgegenüber zu einem Vorreiter im Wandel des Verhältnisses des Menschen zur Natur geworden.«[21] Medizintechnik, Molekularbiologie und Gentechnologie sind Zukunftsbranchen der postindustriellen Gesellschaft. Darauf wird auch in den gegenwärtigen gesundheitspolitischen Auseinandersetzungen immer wieder hingewiesen. Einsparungen im Gesundheitswesen entlasten einerseits die Krankenkassen, führen andererseits aber zum Verlust von Arbeitsplätzen im Dienstleistungssektor und zu Einsparungen in Sparten der Forschung und Entwicklung, die volkswirtschaftlich als Zukunftsmärkte gelten. Zwischen Forschung, Wirtschaft und Medizin besteht also ein enges Wechselverhältnis, das in der Debatte um Kostenreduktion im Gesundheitswesen nicht außer acht gelassen werden darf.[22] Um so wichtiger ist es, die Diskussion über die Ziele der Medizin und ihren individuellen und gesellschaftlichen Nutzen zu intensivieren.

Neben ökonomischen Faktoren ist dabei auch der weltanschauliche Aspekt der Gesundheit zu berücksichtigen. In der modernen Gesell-

[20] A. Labisch/N. Paul, a.a.O. (Anm. 6), S. 634.

[21] A. Labisch/N. Paul, a.a.O. (Anm. 6), S. 640.

[22] Siehe dazu das Gutachten des *Sachverständigenrates für die konzertierte Aktion im Gesundheitswesen*, Gesundheitswesen in Deutschland. Kostenfaktor und Zukunftsbranche, 2 Bde., Baden-Baden 1996/98.

schaft ist Gesundheit ein geradezu religiöser Wert.[23] Mit ihm assoziieren die Menschen nicht nur – mit S. Freud gesprochen – Liebes- und Arbeitsfähigkeit, sondern eine religiös aufgeladene Utopie von Ganzheitlichkeit und Heil. Schon der Gesundheitsbegriff der WHO weist regelrecht utopische Züge auf. Er definiert Gesundheit nicht etwa nur als »Freisein von Krankheit und Gebrechen«, sondern als »Zustand vollständigen körperlichen, geistigen und sozialen Wohlbefindens«[24]. Zustimmung verdient diese Definition insoweit, als sie den für das vormoderne Gesundheitsverständnis grundlegenden Begriff der »integritas« aufgreift. Ein auf den somatischen Bereich reduziertes Verständnis von Gesundheit und Krankheit ist in der Tat abzulehnen. Utopisch ist freilich die Ansicht, das Ziel medizinischen Handelns müsse die Herstellung eines Zustandes des Glücks und der Vollkommenheit sein. Kritisch gibt I. Illich zu bedenken: »Die moderne, kosmopolitische Zivilisation ist auf das Ziel hin geplant und organisiert, den Schmerz zu beseitigen, die Krankheit auszutilgen und den Tod zu bekämpfen. Das sind neue Ziele – und Ziele, die nie zuvor Leitlinien sozialen Lebens waren.«[25]

Die Kehrseite dieses utopischen Gesundheitsbegriffes besteht darin, daß jede Beeinträchtigung des Wohlbefindens als Verhinderung von Glück, als Einschränkung sinnhaften Lebens und somit ausschließlich negativ bewertet wird. Nun sind eben auch Sterilität, genetische Abweichungen, Sterben und Tod Krankheitszustände, die es abzustellen gilt. Die Definition der WHO bestärkt eine Anspruchshaltung, derzufolge Gesundheit in einem umfassenden Sinne nicht etwa Gnade oder Glück, sondern ein Recht ist. Die religiöse Sehnsucht nach Heil schlägt um in die Forderung nach dem Recht auf Glück, auf Leidfreiheit oder auf ein in jeder Hinsicht gesundes Kind.[26] Insofern die WHO Gesundheit nicht als Fähigkeit, sondern als Zustand begreift, wird die Leidensmöglichkeit und Leidensfähigkeit des Menschen völlig ausgeblendet. Leiden erscheint nur noch als das Nichtseinsollende, kann jedoch nicht als zum Glück komplementäre Dimension gesunden Lebens angenommen werden.

Theologisch gesprochen wird die eschatologische Dimension menschlichen Lebens, dessen Vollendung die endzeitliche Hoffnung des christlichen Glaubens ist, ins Diesseits verlagert. Das Heil wird nicht mehr von Gott erwartet, sondern dem Menschen selbst als Lei-

23 Vgl. U. Körtner, a.a.O. (Anm. 3), S. 56ff. 62ff.

24 Zitiert nach *U. Eibach*, Heilung für den ganzen Menschen? Ganzheitliches Denken als Herausforderung von Theologie und Kirche, Neukirchen-Vluyn 1991, S. 20.

25 *I. Illich*, Die Enteignung der Gesundheit – Medical Nemesis, Reinbek 1975, S. 95.

26 Vgl. auch *D. Ritschl*, Gesundheit: Gnade oder Rechtsanspruch?, Diakonie 8, 1982, S. 77-80.

stung aufgebürdet. Die Sorge um die Gesundheit, angefangen bei der richtigen Ernährung, nimmt religiös-kultische Züge an. Die Überwindung des Todes oder zumindest sein möglichst langes Hinausschieben wird zum Ziel medizinisch-technischen Handelns. Der auf den ersten Seiten der Bibel geschilderte paradiesische Zustand des Menschen vor dem Sündenfall, sein »status integritatis«, wie die Theologen ihn nennen, soll auf gentechnologischem Wege, notfalls mit Hilfe einer Kombination von In-Vitro-Fertilisation, Präimplantationsdiagnostik und gentechnischer Mikrochirurgie, wiederhergestellt werden.

Utopische Züge trägt auch die Idee des natürlichen, selbstbestimmten Sterbens, eines Sterbens in Würde, alt und lebenssatt.[27] Zum einen ist es in höchstem Maße problematisch, die Würde des Menschen mit einem abstrakten Begriff von Autonomie zu begründen, welcher die realen Einschränkungen der Entscheidungsfähigkeit, die Hilfs- und Schutzbedürftigkeit Schwerkranker, Sterbender, verwirrter oder geistig behinderter Menschen ausblendet. Zum anderen ist der Naturbegriff in unserer Gesellschaft ideologisch aufgeladen, gibt es doch in Wahrheit in keinem Bereich ein unmittelbares, sondern stets nur ein durch Kultur und Technik vermitteltes und überformtes Naturverhältnis. »Der heute geforderte ›natürliche Tod‹ ist in Wahrheit ja der künstliche Tod, denn er ist die Frucht der kunstvollen Selbstmanipulation des Menschen und seiner Lebensumstände.«[28] Der tatsächlich natürlich, d.h. ohne medizinischen Beistand eintretende Tod kann dagegen höchst qualvolle Begleitumstände haben.[29]

Die Utopie eines Anspruchs auf umfassende Gesundheit, auf ein möglichst leidfreies Leben und einen kaum noch als Störung empfundenen Tod hat freilich ihren Preis.

4.3 Der Preis der Gesundheit und die Aporien der modernen Medizin

Der Preis, den die Gesellschaft für die zunehmende Absicherung gegen elementare Lebensrisiken, für eine enorm gestiegene Lebenserwartung und subjektiv empfundene Lebensqualität bezahlt, ist zunächst die heute vielfach kritisierte »Enteignung der Gesundheit«[30]. Der hohe Standard unseres Gesundheitswesen wird um den Preis erkauft, daß der Einzelne die Deutungs- und Verfügungsmacht über seinen Körper und seine Gesundheit der Medizin überträgt. Gerade weil

[27] Zum folgenden vgl. *U. Körtner*, Bedenken, daß wir sterben müssen. Sterben und Tod in Theologie und medizinischer Ethik (BsR 1147), München 1996, S. 23ff.

[28] *J. Schwartländer*, Der Tod und die Würde des Menschen, in: ders. (Hg.), Der Mensch und sein Tod, Göttingen 1976, S. 11.

[29] Vgl. auch *S.B. Nuland*, Wie wir sterben. Ein Ende in Würde?, München 1994.

[30] Vgl. I. Illich, a.a.O. (Anm. 25), passim.

das Gesundheitsverlangen der Gesellschaft immer umfassender wird, schreitet die Enteignung der Gesundheit voran. Daraus resultiert die Aporie der modernen Hochleistungsmedizin, daß sich die Zwecke ihres Erkennens und Handelns »immer weiter von den lebensweltlichen Deutungen und Bedürfnissen der Menschen entfernen«[31]. Das hindert die jeweils betroffenen Patienten jedoch nicht daran, die durch neue medizinisch-technische Verfahren eröffneten Heilungschancen auch dann nachzufragen, wenn ihre Anwendung die bis dahin gültigen Wertvorstellungen ins Wanken bringt.
Diese Entwicklung verdeutlicht nochmals die Aporie des Naturbegriffes. Die Frage, ob ein bestimmtes Handeln nicht nur aus medizinischer Sicht theoretisch oder praktisch, sondern auch in ethischer Hinsicht richtig ist, also nicht nur effizient, sondern auch gut, scheint durch die wissenschaftlich-technische Evidenz von vornherein entschieden: Gut ist, was machbar ist. »Im Zusammenwirken von medizinischen Innovationen und individuellem Hilfsbegehren werden die Grenzen des bis dahin als ›selbstverständlich‹ und damit ›natürlich‹ Geltenden ständig erweitert.«[32] Für die medizinische Ethik bedeutet dies, daß sich die ohnehin bestehende Problematik der Naturrechtstradition nochmals verschärft. Die Grenzen des ethisch Vertretbaren lassen sich nicht durch den Hinweis auf die Grenzen des vermeintlich Natürlichen bestimmen. Gegen die negativen Folgen des medizinischen Fortschritts verfängt darum auch nicht die Forderung nach einer Naturheilkunde.
Überhaupt sollte die vielfach an der sogenannten Schulmedizin geübte Kritik nicht übersehen, daß sie nur auf dem Hintergrund der großen Erfolge der etablierten Medizin möglich ist. Während z.B. die Anwendung etlicher Heilverfahren, die heute in der westlichen Welt als sogenannte Alternativmedizin gepriesen werden, in ihren Ursprungsländern einen Zustand der Not, der Armut und Unwissenheit repräsentieren, ist ihre – meist erheblich modifizierte – Übernahme in den westlichen Kulturkreis ein Wohlstandsphänomen.[33] Die Alternativmedizin läßt sich trefflich propagieren, solange man sich im Notfall auf das Funktionieren der flächendeckenden Versorgung mit schulmedizinischen Angeboten verlassen kann. Im übrigen sind die Versprechun-

[31] A. Labisch/N. Paul, a.a.O. (Anm. 6), S. 637.

[32] A. Labisch/N. Paul, a.a.O. (Anm. 6), S. 637.

[33] Eine kritische Bestandsaufnahme der verschiedenen Therapieverfahren unter dem Gesichtspunkt des Konsumentenschutzes bietet das Handbuch von *Stiftung Warentest u. Verein für Konsumenteninformation (VKI) in Zusammenarbeit mit K. Federspiel u. V. Herbst*, Die Andere Medizin. Nutzen und Risiken sanfter Heilmethoden, Berlin [4]1996.

gen der Alternativmedizin nicht weniger religiös bzw. utopisch als die von der modernen Hochleistungsmedizin geweckten Erwartungen.[34]
Es gehört nun zu den Paradoxien des modernen Gesundheitswesens, daß einerseits Gesundheit zu einem geradezu religiös überhöhten Wert erklärt wird, andererseits aber das Bewußtsein für die Eigenverantwortlichkeit des Einzelnen sinkt. Die Ausweitung ärztlicher Verantwortung, welche heute vielfach als Entmündigung der Patienten kritisiert wird, steht in einem Wechselverhältnis zur Entlastung von Verantwortung, die der Einzelne durchaus wünscht. Es soll gar nicht bestritten werden, daß es nach wie vor auf Seiten der Medizin Tendenzen zur Entmündigung des Patienten gibt, aber es handelt sich mindestens teilweise auch um eine selbstverschuldete Unmündigkeit, welche dem Wunsch nach Entlastung entspringt. Über die Grenzen ärztlicher Verantwortung bzw. des medizinisch Verantwortbaren läßt sich nicht diskutieren, ohne die Stärkung der Eigenverantwortung zum Thema zu machen. Zwar ist das öffentlich kommunizierte Gesundheitsbewußtsein der Bevölkerung hoch, gelegentlich sogar übertrieben hoch, wenn man nur an die Besorgnisse im Bereich des Lebensmittelschutzes denkt. Während auf der einen Seite gegen gentechnisch veränderte Lebensmittel gekämpft wird, steigt auf der anderen Seite die Zahl der Übergewichtigen, der Raucher, der Alkoholiker, der Diabetes- und Kreislauferkrankungen.
Zu den Kosten unseres Gesundheitswesens gehört nicht zuletzt der Preis, den Ärzte und Pflegekräfte zu zahlen haben. Sie bezahlen den hohen medizinischen Versorgungsgrad der Bevölkerung mit einem erhöhten persönlichen Gesundheitsrisiko.[35] Nach wie vor herrschen in vielen Kliniken unzumutbare Arbeitszeitregelungen, die permanent zu gesundheitsschädlichem und letztlich auch die Sicherheit der Patienten gefährdendem Schlafmangel führen.[36] Aus Kostengründen betriebener Personalabbau erhöht den Dauerstreß, unter dem Ärzte und ihre Mitarbeiter und Mitarbeiterinnen stehen. Es ist daher kein Wunder, daß Mediziner einem überdurchschnittlich hohen Sucht- und Suizidrisiko ausgesetzt sind. Das gesellschaftliche Ansehen der Medizin und ihr Deutungs- und Handlungsmonopol im Bereich von Krankheit und Gesundheit wird von diesem Berufsstand mit der Gefährdung der eigenen Gesundheit und Beziehungsfähigkeit erkauft. Wenn also von den Grenzen der medizinischen Verantwortung gesprochen wird, muß auch über die Unverantwortlichkeit gesellschaftlich und politisch akzeptierter Arbeitsbedingungen im Gesundheitswesen gesprochen wer-

[34] Vgl. *R. Coward*, Nur Natur? Die Mythen der Alternativmedizin. Eine Streitschrift, München 1995; *M. Nüchtern*, Medizin – Magie – Moral. Therapie und Weltanschauung, Stuttgart/Mainz 1995.
[35] Vgl. *A. Schönberger*, Patient Arzt. Der kranke Stand, Wien 1995.
[36] Vgl. *S. Coren*, Die unausgeschlafene Gesellschaft, Reinbek 1999, S. 284ff.

den. Utopische Gesundheitsvorstellungen führen im Ergebnis zur permanenten Überforderung derer, die die – zugegebenermaßen von ihnen selbst geweckten! – Glückserwartungen erfüllen sollen.
Weil aber die Hoffnungen, welche die Gesellschaft und ihre Individuen in den medizinischen Fortschritt setzen, trotz eines verstärkt geäußerten Unbehagens an der technologischen Kultur weiter steigen, läßt sich den Aporien der modernen Hochleistungsmedizin nicht durch gutgemeinte ethische oder rechtliche Grenzziehungen entkommen. Tatsache ist vielmehr, daß einmal gezogene Grenzen über kurz oder lang in Frage gestellt, im Einzelfall durchbrochen und ein ums andere Mal verschoben werden. Verständlicherweise wird der Ruf nach Ethik immer lauter. Doch sollte man sich über die Einflußmöglichkeiten normativer Ethik keinen Illusionen hingeben. »Leidenden Menschen und ihrer Umgebung, wie etwa Eltern genetisch kranker Kinder, wird nicht zu vermitteln sein, dass ihnen neue Verfahren, beispielsweise der *Pränataldiagnostik und der somatischen Gentherapie*, aufgrund übergeordneter gesellschaftlicher Werte vorenthalten werden. Ähnliches wird sich im Bereich der *prädiktiven Genetik* abspielen. Angehenden Eltern wird kaum zu vermitteln sein, dass sie aus übergeordneten Gründen einer abstrakten *Sozialethik* ein absehbar erbkrankes Kind austragen und in ihre Familie aufnehmen sollen. Verfahren der pränatalen Diagnostik werden also längerfristig das gesellschaftliche Verständnis der *embryopathischen Indikation* für eine *Abtreibung* ändern.«[37] Vergleichbare Argumente werden in der Euthanasiedebatte ins Feld geführt.[38] Dammbruchargumente verfangen bei denen nicht, welche nicht bereit sind, um des Erhaltes allgemeiner Wertvorstellungen willen zum Weiterleben gezwungen zu werden. Sollen ethische Erwägungen über Grenzen und Selbstbegrenzungen der Medizin überhaupt eine Chance erhalten, so muß ihre Sinnhaftigkeit auch für den Einzelnen evident werden.
Das ist möglicherweise der Fall, wenn die Grundaporie des medizinischen Fortschritts zu Bewußtsein gebracht wird. Sie besteht darin, daß sie im Kampf gegen ein vom Menschen unbeeinflußbares Schicksal ständig neue Erscheinungsformen schicksalhafter Widerfahrnisse hervorbringt. Neue Formen der Fremdbestimmung sind die dialektischen Folgen neuzeitlicher Autonomie, auch im Bereich der Medizin. Der Philosoph O. Marquard beschreibt die nachaufklärerische Moderne als Zeitalter der Machbarkeit. Der Weg der Moderne, an dem die naturwissenschaftliche Medizin einen erheblichen Anteil hat, »führt vom

[37] A. Labisch/N.Paul, a.a.O. (Anm. 6), S. 638.
[38] Vgl. U. Körtner, a.a.O. (Anm. 27), S. 48ff (Kap. 3).

Fatum zum Faktum, vom Schicksal zum Machsal«[39]. Dieser Prozeß erweist sich jedoch als janusköpfig. Je mehr die Lebenswirklichkeit, auch Krankheit und Gesundheit, in menschlichen Handlungssinn überführt wird, desto mehr werden neue Kontingenzen erzeugt, die es vordem gar nicht gab. Gerade die Entwicklung der Medizin ist dafür ein eklatantes Beispiel. Intensivmedizin, Reproduktionsmedizin und medizinische Genetik haben den Spielraum ärztlichen Handelns enorm erweitert, produzieren aber zugleich völlig neue Erscheinungsformen von Schicksalhaftigkeit, mit denen die Betroffenen moralisch und psychisch fertig werden müssen. Je mehr der Mensch über das Leben verfügen möchte, desto unkontrollierbarer werden die Vorbedingungen und Folgen seines Handelns. »Also: nicht etwa nur die erfolglose, gerade auch die erfolgreiche Machensplanung plant sich – wenigstens partiell – um den Erfolg. Darum wird – im Zeitalter des schicksalsvernichtenden Machenseifer der Menschen – das Gutgemeinte nicht das Gute; das absolute Verfügen etabliert das Unverfügbare; die Resultate kompromittieren die Intentionen; und die absolute Weltverbesserung mißrät zur Weltkonfusion.«[40]

Einige Beispiele mögen genügen: Je erfolgreicher z.B. die Transplantationsmedizin ist, desto knapper werden die ihr zur Verfügung stehenden Ressourcen. Organknappheit ist keine Naturgegebenheit, sondern ein künstlich erzeugter Zustand. Denn ohne die neuen Chancen der Lebensrettung und -verlängerung, welche die Transplantationsmedizin bietet, bestünde überhaupt kein Bedarf an menschlichen Organen. Das unter Umständen vergebliche Warten eines potentiellen Organempfängers auf ein Spenderorgan wird zur neuen Schicksalserfahrung. Der Empfang eines fremden Organs ist nicht nur mit gesundheitlichen Nebenfolgen verbunden – z.B. aufgrund der jahrelangen Einnahme von immunsuppressiven Medikamenten –, sondern häufig auch mit Schuldgefühlen gegenüber dem unbekannten Spender, dessen Tod für den Empfänger ein sowohl betrauertes wie erwünschtes Ereignis war.[41] Auch dank intensivmedizinischer Verfahren kann der Tod in vielen Fällen verhindert werden, um den Preis, daß neue Krankheitsbilder entstanden sind wie z.B. dasjenige der sogenannten Wach-Koma-Patienten. Auch die Fortschritte auf dem Gebiet der vorgeburtlichen Medizin und der Neonatologie erhöhen die Lebenschancen von Neugeborenen und immer kleineren Frühgeburten, die früher verstorben wären, heute aber zum Teil nur um den Preis fortgesetzter

39 *O. Marquard*, Ende des Schicksals? Einige Bemerkungen über die Unvermeidlichkeit des Unverfügbaren, in: *ders.*, Abschied vom Prinzipiellen. Philosophische Studien, Stuttgart 1981, S. 67-90, hier S. 67.

40 O. Marquard, a.a.O. (Anm. 39), S. 81.

41 Siehe dazu u.a. *S. Krahe*, Transplantation: Spenden und Empfangen. Thesen, Texte und Anregungen für das Gespräch über Organtransplantationen, Bielefeld 1995.

Gesundheitskomplikationen und für die betroffenen Eltern fast unlösbarer Konflikte am Leben erhalten werden.[42] Wer Gesundheit und Leben um jeden Preis will, erzeugt neue Formen der Krankheit und des Leidens.

Die Grenzen des medizinisch Machbaren werden auch an den chronisch Kranken sichtbar. Für die Unheilbaren und – welch ein vielsagendes Wort! – »Austherapierten«, z.B. für psychisch kranke Langzeitpatienten, hat die moderne Medizin nämlich bislang kein überzeugendes Konzept entwickelt.[43] Aber auch die Sterbenden und ihre Bedürfnisse stellen das Selbstverständnis einer einseitig kurativ ausgerichteten Medizin in Frage. Für den Machbarkeitswahn und die gesellschaftlichen Machbarkeitszwänge der modernen Medizin ist es symptomatisch, daß Ausbildung und Praxis einer palliativen Medizin lange vernachlässigt wurden und derzeit erst am Anfang stehen.[44] Von einer flächendeckenden palliativmedizinischen Versorgung sind wir noch weit entfernt.

Zu den Aporien des modernen utopischen Gesundheitsverlangens gehört schließlich auch eine strukturelle Mitleidlosigkeit, die in der Gesellschaft um sich greift. Sofern nämlich Gesundheit ausgesprochen oder unausgesprochen mit ganzheitlicher Identität gleichgesetzt wird, kann sie letztlich nur um den Preis der Beziehungslosigkeit erstrebt werden, welche die Mitmenschen zum Zweck der Selbstverwirklichung instrumentalisiert. Das ist paradox. Denn die eigene Identität kann sich in Wirklichkeit nur im dialogischen Gegenüber, im Zu- und Miteinander mit anderen bilden. Daher kann, wie der Theologe H. Luther zu bedenken gibt, von Identitätsbildung eigentlich »nie losgelöst vom Zustand der Welt und vom Verlauf der Geschichte geredet werden. Diese war und ist noch immer eine Geschichte der *Opfer*. Angesichts abgebrochener und zerstörter Lebensläufe anderer, also angesichts der verhinderten Identität anderer muß das Ideal einer ganzheitlichen, vollständigen und gelingenden Ich-Identität befremdlich klingen. Es wäre nur um den Preis des Verdrängens und der Verhärtung gegenüber Anderen denkbar. Eine derart strukturell mitleidlose Ich-Identität wäre aber bereits konstitutiv beschädigt.«[45] Pointiert gesagt: Ein utopischer Gesundheitsbegriff ist krank und macht krank.

42 Vgl. *A. Wüsthof*, Zum Leben verurteilt, DIE ZEIT Nr. 31, 29.7.1999, S. 29.

43 Vgl. *K. Dörner* (Hg.), Die Unheilbaren. Was machen Langzeitpatienten mit uns, und was machen wir mit ihnen?, Gütersloh 1983; U. Eibach, a.a.O. (Anm. 24), S. 144ff.

44 Siehe dazu v.a. *S. Husebö/E. Klaschik*, Palliativmedizin. Praktische Einführung in Schmerztherapie, Ethik und Kommunikation, Berlin u.a. 1998.

45 *H. Luther*, Leben als Fragment. Der Mythos von der Ganzheit, WzM 43, 1991, S. 262-273, hier S. 268.

Soll die Medizin nicht in ihren Aporien gefangen bleiben, so muß die Frage nach ihren Zielen, d.h. aber auch nach den Grenzen ihres Handlungsauftrags neu gestellt werden.

4.4 Die Grenzen der Medizin

Aus den bisherigen Beobachtungen und Überlegungen folgt, daß die Grenzen des medizinisch Verantwortbaren weder durch die teleologisch verstandene Natur noch durch unverrückbare und überzeitliche ethische Prinzipien gezogen werden. Freilich ist die Medizin auf allgemeine Handlungsmaximen festgelegt, die ihr Handeln im Einzelfall begrenzen. Es sind dies vor allem die Regeln, nicht zu schaden (nil nocere) und das Wohlergehen des Patienten zu fördern. Aber das Problem besteht ja gerade in ihrer Auslegungsbedürftigkeit. Schon gar nicht fallen die Grenzen des medizinisch Möglichen mit denjenigen der Ökonomie zusammen. Zwar lassen sich ökonomische Gesetzmäßigkeiten nicht ungestraft mißachten. Aber hinter vermeintlich rein ökonomischen Sachzwängen stehen immer Wertentscheidungen. Irgendwann sind gewiß die finanziellen Kapazitäten jeder Gesellschaft erschöpft, aber die Frage knapper Ressourcen ist zunächst eine der Prioritätensetzung. Daher sei nochmals betont, daß das Problem der Allokation bestenfalls der Anlaß ist, über ethische Grenzen und Zielsetzungen der Medizin nachzudenken, nicht aber mit diesen selbst verwechselt werden darf.

Welchen Beitrag kann nun die Theologie zur medizinethischen Diskussion leisten? Zunächst ist negativ festzustellen, daß auch der christliche Glaube keine materialethische Vorentscheidung über Handlungsbegrenzungen für die Medizin bietet. Zwar ist nach biblischem Verständnis Gott allein Herr über Leben und Tod. Aber das Handeln Gottes und dasjenige des Menschen sind kategorial voneinander zu unterscheiden wie aufeinander zu beziehen.[46] Medizinische Eingriffe können dem Bekenntnis zur Verfügungsmacht Gottes ebenso entsprechen wie widersprechen. Wohl gilt, daß die menschliche Existenz durch eine eigentümliche Grundpassivität gekennzeichnet ist, zu der es gehört, daß wir ohne unser Zutun geboren werden und sterben müssen. Aber das Handeln Gottes und dasjenige des Menschen liegen auf unterschiedlichen Ebenen. Ihre Unterscheidung fällt nicht mit derjenigen von menschlichem Tun und Unterlassen zusammen. Abgesehen davon, daß diese Unterscheidung keineswegs in allen Fällen einen moralischen Unterschied macht – auch eine Unterlassung kann ethisch bewertet einem Tun gleichkommen, das positiv oder negativ

[46] Vgl. *U. Körtner*, Evangelische Sozialethik. Grundlagen und Themenfelder (UTB 2107), Göttingen 1999, S. 201f.

qualifiziert ist[47] –, kann dem Glauben an Gott als Herrn über Leben und Tod sowohl ein energisches Tun als auch ein demütiges Lassen entsprechen. Wohl aber ist neu zu Bewußtsein zu bringen, daß nicht jedes ethisch verantwortete *Lassen* gleichbedeutend mit einem *Unterlassen* ist.[48] Auch ist zwischen dem Schöpfer und seiner Schöpfung, d.h. zwischen Gott und Natur zu unterscheiden. Der moralische Appell an die Grenzen des Natürlichen erweist sich nicht nur in naturwissenschaftlicher, erkenntnistheoretischer und ethischer Hinsicht als unzureichend, sondern ist auch theologisch zu kritisieren. Denn wer den praktischen Sinn des Glaubens an Gott und sein Handeln darin sieht, der Natur ihren Lauf zu lassen, verwechselt Gott mit der Natur, die sich uns heute mehr denn je als höchst variabel, evolutiv und menschlicher Zwecksetzung unterworfen zeigt.[49] Wer in der Natur die Letztinstanz moralischer Verantwortung sieht, landet nicht bei Gott, sondern beim Menschen, der der Natur ihre Zwecke setzt.

Die Grenzen unseres Handelns, auch der Medizin, müssen darum in jeder Situation neu bestimmt werden. Das gilt auch an den Grenzen des Lebens. Die Lehre von Gott dem Schöpfer und seinem Gebot wird häufig mißverstanden, als seien aus ihr allgemeine moralische, auch medizinethische Verbote abzuleiten. Wo nur Gott handeln darf, scheint jede menschliche Aktivität ausgeschlossen zu sein. Faktisch aber ist der Mensch heute in die Lage versetzt, vor Gott erkennen zu müssen, daß er dazu verurteilt ist, selbst in die Bereiche von Geburt und Tod einzugreifen. Mit dem nicht mehr aus der Welt zu schaffenden medizinischen Fortschritt ist dem Menschen an den Grenzen des Lebens eine Verantwortung zugewachsen, aus der er sich nicht durch willkürliche Selbstbegrenzung davonstehlen kann, auch nicht unter Hinweis auf vermeintlich christliche Grundwahrheiten. Der Hinweis auf Gott, den Herrn über Leben und Tod, oder die angebliche, in der Praxis aber ständig widerlegte, Unverfügbarkeit des Lebens darf nicht dazu mißbraucht werden, die Verantwortung Gott zuzuschieben, wo sie dem Menschen übertragen ist. Wir haben vielmehr immer wieder neu zu fragen, wie wir eingedenk des Geschenkcharakters menschlichen Lebens verantwortlich mit den Möglichkeiten der modernen Hochleistungsmedizin umgehen können.

Die Frage nach den Grenzen medizinischen Handelns, sofern sie nicht die derzeit faktischen Grenzen des technisch Möglichen, sondern die ethischen Grenzen des moralisch Vertretbaren und Sinnvollen meint,

47 Siehe dazu *D. Birnbacher*, Tun und Unterlassen, Stuttgart 1995; *W. Wolbert*, Ist der Unterschied zwischen Töten und Sterbenlassen noch sinnvoll?, in: *A. Holderegger* (Hg.), Das medizinisch assistierte Sterben. Zur Sterbehilfe aus medizinischer, ethischer, juristischer und theologischer Sicht (SThE 80), Fribourg/Freiburg i.B. 1999, S. 56-75.

48 Vgl. Chr. Frey, a.a.O. (Anm. 4), S. 201.

49 Vgl. U. Körtner, a.a.O. (Anm. 46), S. 264f.

lenkt zurück auf grundlegende Fragen der Anthropologie. Hinter der Frage nach dem Verständnis von Krankheit und Gesundheit steht letztlich die eine große Frage: Was ist der Mensch? Wenn das allgemeine Ziel aller Medizin die Heilung nicht von *Krankheiten*, sondern von kranken *Menschen* ist, muß der Mensch als Person in den Mittelpunkt der medizinethischen Diskussion gerückt werden. Dann aber ergibt sich eine grundlegende Maxime zur Begrenzung medizinischen Handelns aus dem Prinzip der Menschenwürde: Die Würde des Menschen, welche theologisch aus seiner Gottebenbildlichkeit abgeleitet wird, transzendiert alle biologischen und medizinischen Kategorien. Diese Transzendenz setzt dem medizinischen Handeln Grenzen. Die dem Wohl des Patienten verpflichtete Medizin hat auch an den Grenzen des Lebens, am Lebensanfang nicht weniger als am Lebensende dafür Sorge zu tragen, daß die Würde des Menschen, d.h. aber seine Einmaligkeit, sein Selbstbestimmungsrecht und seine Eigenverantwortlichkeit geschützt werden. Abzulehnen sind darum alle medizinischen Maßnahmen, z.B. im Bereich der Genetik und Reproduktionsmedizin, welche die betroffenen Menschen oder auch werdendes menschliches Leben fremden Zwecken, z.B. den Interessen von Eltern, von Angehörigen oder der Gesellschaft unterordnen.

Das bedeutet mehr, als nur das Selbstbestimmungsrecht anzuerkennen, so gewiß das Selbstverfügungsrecht entscheidungsfähiger Patienten z.B. für den Fall, daß eine (Weiter-)Behandlung abgelehnt wird, für das ärztliche Handeln eine klare Grenze darstellt. Doch ist auch für den Schutz der Menschenwürde derer Sorge zu tragen, deren Fähigkeit zur Selbstbestimmung vorübergehend oder dauerhaft eingeschränkt ist. Dabei wird vorausgesetzt, daß Selbstbestimmung wohl eine wesentliche Äußerungsmöglichkeit der Menschenwürde ist, mit dieser aber nicht zusammenfällt. Die Würde des Menschen und seiner Person transzendiert selbst noch das Prinzip der Autonomie. Eben darum sind z.B. sogenannte Patientenverfügungen nach Maßgabe bestimmter Kriterien zu berücksichtigen, können den behandelnden Mediziner aber nicht in jedem Fall in seiner ärztlichen Entscheidung binden. Unbeschadet der zu respektierenden Autonomie des Patienten bleibt die Fürsorgepflicht des Arztes bestehen. Die Verantwortung, unter bestimmten Voraussetzungen für andere zu deren mutmaßlichem Wohl zu entscheiden, kann ihm nicht abgenommen werden.[50]

In der Praxis folgt aus diesen allgemeinen Grundsätzen, daß die Menschenrechte ein wichtiges Kriterium sind, um die Grenzen des medizinisch Verantwortbaren zu bestimmen.[51] Praktische Beispiele sind die – freilich nicht unumstrittene – Menschenrechtskonvention des Euro-

[50] Siehe dazu ausführlich *B. Irrgang*, Grundriß der medizinischen Ethik (UTB 1821), München 1995, S. 63ff.

[51] Vgl. U. Körtner, a.a.O. (Anm. 46), S. 199ff (Kap. 8).

parates zur Biomedizin und das 1999 vom Europarat verabschiedete Dokument zum Schutz der Menschenrechte und der Würde von Todkranken und Sterbenden.[52]

Zum Wesen des Menschen, dessen Würde zu schützen ist, gehört nun aber auch seine Fragmenthaftigkeit.[53] Entgegen den modernen Utopien von Ganzheitlichkeit und vollkommener Gesundheit ist theologisch geltend zu machen, daß Brüche, Fehler, Unvollkommenheiten und Schwächen konstitutiv zum Leben gehören. Die Grenzen des medizinisch Verantwortlichen sind da erreicht, wo die wesensmäßige Unvollkommenheit menschlichen Lebens nicht akzeptiert wird. Die Hoffnung des Glaubens richtet sich auf die innerweltlich gerade nicht zu leistende Vollendung unseres Lebens und der Welt. Heil und Heilung sind nicht strikt zu trennen, aber unbedingt zu unterscheiden. Der praktische Sinn dieser eschatologischen Einsicht besteht darin, die Medizin von allen soteriologischen Ansprüchen zu entlasten. Wie das Leben selbst, kann auch jedes Bemühen um Heilung nur fragmentarisch sein.

Die Medizin muß sich nicht nur der Endlichkeit menschlichen Lebens, sondern auch ihrer eigenen Endlichkeit neu bewußt werden. Gleiches gilt aber auch von der Gesellschaft, welche ihre Forderungen an das medizinisch Machbare auf ein menschliches Maß reduzieren muß. Eine Medizin, welche diese Grenze mißachtet, untergräbt ihr eigenes Ethos, weil sie strukturell unbarmherzig ist. Spätestens im Umgang mit den unheilbar Kranken, den Dauerpatienten und Sterbenden zeigt sich die strukturelle Unbarmherzigkeit einer von Vollkommenheitsutopien getriebenen Medizin. Das Selbstverständnis der Medizin ist darum in der Richtung zu überdenken, daß die palliative Dimension ärztlichen Handelns gegenüber der bisher einseitig favorisierten kurativen Dimension aufgewertet wird.

Die Intention des ärztlichen Handelns, die Ursachen von Leiden ausfindig zu machen und dieses entweder zu heilen oder zu lindern, läßt sich in vielen Fällen aufgrund des unaufhaltsamen Fortschreitens krankhafter Prozesse und der Wirkungslosigkeit kurativer Therapien nicht verwirklichen. »In solchen Fällen könnte der Arzt wenigstens noch jenen Dienst leisten, den viele Patienten von ihm erwarten; er könnte dem Patienten helfen, sich auf die Folgen seiner Krankheit vorzubereiten und seinem Leben trotz der Krankheit oder gerade wegen der Krankheit einen neuen Sinn zu geben. Dies impliziert, dass sich der Arzt in seiner *Begegnung mit dem Patienten als Person* voll eröffnet und am Lebensschicksal und am Lebenssinn des Patienten

[52] Das im Juni 1999 von der Parlamentarischen Versammlung des Europarates angenommene Dokument trägt den Titel »Protection of the human rights and dignity of the terminally ill and the dying«.

[53] Zum folgenden vgl. U. Körtner, a.a.O. (Anm. 3), S. 62ff. 71ff.

teilnimmt.«[54] Die Grenzen ärztlichen Handelns fallen also nicht mit denen seiner kurativen Möglichkeiten zusammen, wie der fragwürdige Begriff des »Behandlungsabbruchs« suggeriert. Umgekehrt aber lassen sich die Grenzen kurativer Medizin, d.h. aber auch die Indikationen für eine Reduktion oder gar die Beendigung kurativtherapeutischer Maßnahmen nicht abstrakt bestimmen. Sie lassen sich aber im konkreten Fall dann erkennen, wenn die Fähigkeit des Arztes zur Empathie entwickelt wird.

Diese aber schließt die Einsicht ein, daß um der Menschenwürde willen das Leben, genauer gesagt das biologische Weiterleben, nicht verabsolutiert werden darf. So sehr das Leben als Gabe Gottes in der Bibel emphatisch bejaht wird, so sehr wird es doch auch relativiert. Das Leben hat nach biblischem Verständnis seinen hohen Wert nur, weil es Gabe Gottes ist, wie umgekehrt die Macht des Todes durch Gott begrenzt wird. Insbesondere die neutestamentliche Auferstehungshoffnung relativiert den Gegensatz von Leben und Tod, weil der Sinn menschlichen Lebens das physische Leben transzendiert und die Beziehung Gottes zu seinem Geschöpf im Tod nicht endet. Die Bereitschaft, den Tod anzunehmen, wenn die Zeit gekommen ist, begründet nach christlichem Verständnis aber kein Recht, den Tod aktiv herbeizuführen.

Der christlichen Einstellung zu Leben und Tod, Krankheit und Gesundheit, entspricht ein Handeln, das sich in der Spannung zwischen Widerstand und Ergebung bewegt. Diese Haltung sollte aus theologischer Sicht auch das medizinische Handeln und das ethische Abwägen zwischen Tun und Unterlassen bestimmen. Bonhoeffer hat sie allgemein folgendermaßen beschrieben: »Ich glaube, wir müssen das Große und Eigene wirklich unternehmen und doch zugleich das Selbstverständliche und Allgemein-Notwendige tun, wir müssen dem ›Schicksal‹ – ich finde das ›Neutrum‹ dieses Begriffes wichtig – ebenso entschlossen entgegentreten wie uns ihm zu gegebener Zeit unterwerfen. Von ›Führung‹ kann man erst *jenseits* dieses zwiefachen Vorgangs sprechen, Gott begegnet uns nicht nur als Du, sondern auch ›vermummt‹ im ›Es‹, und in meiner Frage geht es also im Grunde darum, wie wir in diesem ›Es‹ (›Schicksal‹) das ›Du‹ finden, oder mit anderen Worten, wie aus dem ›Schicksal‹ wirklich ›Führung‹ wird. Die Grenzen zwischen Widerstand und Ergebung sind also prinzipiell nicht zu bestimmen; aber es muß beides da sein und beides mit Entschlossenheit ergriffen werden. Der Glaube fordert dieses bewegliche lebendige Handeln. Nur so können wir die jeweilige gegenwärtige Situation durchhalten und fruchtbar machen.«[55]

[54] G. Rager, a.a.O. (Anm. 18), S. 646.

[55] *D. Bonhoeffer*, Widerstand und Ergebung. Briefe und Aufzeichnungen aus der Haft, hg. v. E. Bethge, Neuausgabe, München [3]1985, S. 244.

5 Ethische Gesichtspunkte der Beziehung zwischen Arzt und Patient

5.1 Ethik und Kommunikation

Über mangelnde oder gestörte Kommunikation zwischen Ärzten und Patienten, aber auch zwischen den einzelnen Berufsgruppen innerhalb des Gesundheitswesens wird verstärkt Klage geführt. Kommunikationsdefizite beeinträchtigen nicht nur den therapeutischen Erfolg medizinischen Handelns, sondern führen auch zu rechtlichen Unsicherheiten und Konflikten, die für Ärzte wie Patienten gleichermaßen belastend sind. Das Verhältnis zwischen Arzt und Patient ist jedoch nicht allein ein kommunikationstheoretisches, organisatorisches und rechtswissenschaftliches Problem, sondern auch ein solches der medizinischen Ethik. Genauer gesagt handelt es sich um den Konflikt zwischen arztzentrierter Verantwortungsethik und patientenzentrierter Vertragsethik.

Voraussetzung für jede erfolgreiche medizinische Therapie ist ein Vertrauensverhältnis zwischen Arzt und Patient[1], welches getragen wird von einem allgemeinen Vertrauen der Gesellschaft in die herrschende Medizin und die Institutionen des Gesundheitswesens. Solches Vertrauen ist heute nicht mehr allgemein gegeben. Die heute erhobene Forderung nach einer neuen medizinischen Ethik weist nicht so sehr auf einen Mangel an ethischem Bewußtsein unter den Angehörigen medizinischer Berufe hin, sondern ist zunächst Ausdruck eines gesellschaftlichen Vertrauensverlustes der sogenannten Schulmedizin. Umgekehrt sind die Bemühungen von Medizinern um die Entwicklung einer zeitgemäßen medizinischen Ethik erkennbar der Versuch, verlorenes Vertrauen zurückzugewinnen.

[1] Wenn im folgenden der Einfachheit halber und um der gebotenen Kürze willen durchgängig vom Arzt und dem Patienten gesprochen wird, sind stets auch die Ärztin und die Patientin mitgemeint. Was die allgemeine ethische Problematik des Verhältnisses zwischen Arzt und Patient betrifft, können geschlechtsspezifische Gesichtspunkte vernachlässigt werden, die allerdings unter kommunikationstheoretischen Gesichtspunkten von Bedeutung sind.

Im Kern handelt es sich bei vielen Fragen medizinischer Ethik nicht so sehr um ethische Probleme im eigentlichen Wortsinn, sondern um Kommunikations- und Beziehungsprobleme. Das gilt auf der personalen Ebene der Arzt-Patienten-Beziehung ebenso wie auf der institutionellen Ebene medizinischer Einrichtungen wie Krankenhäusern als auch auf der gesamtgesellschaftlichen Ebene des medizinischen Versorgungssystems. Die Frage von Kommunikationsstrukturen ist ihrerseits allerdings eine durchaus ethische. So dient die Fortentwicklung medizinischer Ethik der Verbesserung gestörter Kommunikation zwischen Medizin und Gesellschaft, Ärzteschaft und Patienten, wie umgekehrt der ethischen Reflexion des Verhältnisses zwischen Arzt und Patient innerhalb einer medizinischen Ethik ein hoher Stellenwert zukommt.

5.2 Wandlungen der Medizin und ihre Auswirkungen auf das Verhältnis von Arzt und Patient

In Anbetracht des heutigen Entwicklungsstandes der Medizin greift jede Ethik zu kurz, welche die Komplexität medizinischen Handelns auf das Verhältnis von Arzt und Patient reduziert[2]. Weder das Leitbild des Hausarztes als Freundes der Familie, der rund um die Uhr Sprechstunde hat und für alle Fragen des Lebens und Sterbens einen Rat weiß, noch des Alleinherrschers im Krankenhaus entsprechen den tatsächlichen Gegebenheiten des heutigen Gesundheitssystems. Einerseits hat sich das Berufsbild des niedergelassenen Arztes weithin zu demjenigen eines auf ein bestimmtes Krankheitsgebiet spezialisierten Facharztes gewandelt, andererseits sind zwischen Arzt und Patient in der Ordination wie im Krankenhaus die Technik und mit ihr eine Reihe von neuen Berufsgruppen getreten. Von einer Dualität der Arzt-Patienten-Beziehung kann heute daher nicht mehr gesprochen werden. Dementsprechend sind die Kommunikationsstrukturen innerhalb des therapeutischen Teams, zwischen Arzt und Pflegepersonal sowie allen anderen in medizinischen Einrichtungen tätigen Personen bis hin zu den Putzfrauen, und deren Verhältnis zum Patienten in die ethische Reflexion medizinischen Handelns einzubeziehen.

[2] Zum Thema vgl. folgende Literatur: *J.R. Bierich*, Arzt und Kranker: Wandlungen des Menschenbildes in der Medizin, in: *ders.* (Hg.), Arzt und Kranker. Ethische und humanitäre Fragen in der Medizin, Tübingen 1992, S. 23-33; *R. Lempp,* Der Arzt, das therapeutische Team und der Patient im modernen Krankenhaus. Hat der Mensch noch eine Chance?, in *J.R. Bierich* (Hg.), Arzt und Kranker (s.o.), S. 34-48; *L.P. Otralgo,* Arzt und Patient, München 1969; *D. Rössler,* Zwischen Krankheit und Gesundheit. Über die Beziehung zwischen Arzt und Patient, in: *J.R. Bierich* (Hg.), Arzt und Kranker (s.o.), S. 11-22; *H. Schaefer,* Medizinische Ethik, Heidelberg [2]1986, bes. S. 103ff.

Kommunikationsprobleme zwischen Arzt und Patient haben ihre Ursache zum Teil in divergierenden Auffassungen von Krankheit, Gesundheit und dem Ziel ärztlichen Handelns. Ein vertrauensvolles Verhältnis zwischen Arzt und Patient kann nur aufgebaut werden, wenn die Differenz der Perspektive von beiden Seiten gesehen und verstanden wird. Aus der Sicht des Patienten ist Krankheit etwas, was ihn an seiner bisherigen Lebensweise hindert und wie eine fremde Macht in sein Leben einbricht. Die Erfahrung des Fremden und Bedrohlichen verdichtet sich in der Begegnung mit den Institutionen einer hochgradig arbeitsteiligen und technisch aufgerüsteten Medizin. Krankheitserfahrung ist also eine Ohnmachtserfahrung, und zwar nicht nur im Blick auf das eigene Wohlbefinden, sondern auch im Blick auf die in Anspruch genommene Hilfe des Arztes bzw. der medizinischen Institutionen. Der Arzt dagegen betrachtet Krankheit in erster Linie als Störung der Lebensvorgänge in einem Organismus oder einem Teil desselben. Er versteht sich heute vor allem als Wissenschaftler, weniger als Ratgeber und Helfer in einer Lebenskrise, wie ihn der Patient sucht.

Der Einzug der Naturwissenschaften in die Medizin hat deren Ethos grundlegend gewandelt. Die vorneuzeitliche europäische Medizin, deren Wurzeln zum einen in der griechischen Kultur, zum anderen im Christentum liegen, war bestimmt von einem Ethos der Barmherzigkeit. Im Sinne des hippokratischen Eides wurde der Arzt als Freund des Kranken gesehen, dessen christliches Leitbild der barmherzige Samariter aus dem Gleichnis Jesu war[3]. Seit dem 19. Jahrhundert wird das Bild des Arztes durch die Naturwissenschaften und die medizinische Technik bestimmt. An die Stelle der Barmherzigkeitsethik ist das Ethos wissenschaftlicher Rationalität und technischer Effizienz getreten. Ihm gegenüber ist das Ethos der Barmherzigkeit zur Privatsache geworden, das im Belieben des einzelnen Arztes steht. Entsprechend hängt heute auch die Vertrauenswürdigkeit eines Arztes von seiner wissenschaftlich-technischen Kompetenz ab. Andererseits wächst unter den Patienten Unbehagen gegenüber der fortschreitenden Technisierung und Entpersonalisierung der Medizin.

5.3 Autonomie des Patienten und ärztliche Verantwortung

Infolge des skizzierten medizinischen Wandels ist auch die medizinische Ethik einem tiefgreifenden Wandel unterworfen. An die Stelle einer ärztlichen Standesethik, die man als paternalistische Verantwortungsethik bezeichnen kann, tritt das Konzept einer Vertragsethik.

[3] Zum hippokratischen Eid und seiner Nachgeschichte siehe *K. Deichgräber*, Der hippokratische Eid, Stuttgart [4]1983.

Während nach ärztlicher Verantwortungsethik die Verantwortung für das Wohl des Patienten und therapeutische Entscheidungen ganz beim Arzt liegen, ist für die Vertragsethik die Autonomie des Patienten oberstes Prinzip[4]. Zu einem nicht unerheblichen Teil rühren die heutigen Kommunikationsprobleme zwischen Arzt und Patient daher, daß sich die herkömmliche paternalistische Verantwortungsethik im medizinischen Bereich zunehmender Kritik ausgesetzt sieht und statt ihrer eine patientenorientierte Ethik gefordert wird, welche das Selbstbestimmungsrecht des Patienten auf allen Ebenen anerkennt. Die Kommunikationsprobleme im medizinischen Bereich resultieren also – nicht nur, aber auch – aus dem Konflikt divergierender Ansätze medizinischer Ethik. Die Verantwortungsethik, welche dem Arzt die Verantwortung zuschreibt, ist freilich keineswegs außer Kraft gesetzt. Wenn andererseits in gleicher Weise das Selbstbestimmungsrecht und die Selbstbestimmungspflicht des Patienten gelten sollen, führt dies nicht selten zu Unklarheiten und Widersprüchen, Kompetenzproblemen und juristischen Unsicherheiten, die für Ärzte wie Patienten gleichermaßen belastend sind.

Grundsätzlich ist eine die Autonomie des Patienten stärkende medizinische Ethik zu begrüßen. Sie trägt der Einsicht Rechnung, daß es nicht um die Behandlungen von Krankheiten, sondern von kranken Menschen geht, die in ihrer personalen Ganzheit gesehen und ernstgenommen werden müssen. Es ist jedoch problematisch, eine patientenorientierte Ethik ausschließlich vertragsethisch zu begründen, wie dies vor allem in den USA geschieht. In diesem Fall wird zwar die Autonomie des Patienten anerkannt, Gesundheit aber zu einer technischen Dienstleistung und Ware verdinglicht. Das Verhältnis zwischen Arzt und Patient nimmt die Gestalt eines Kaufvertrags an, welcher sich grundsätzlich nicht vom Kauf eines Autos oder der Buchung einer Urlaubsreise unterscheidet. Es darf nicht übersehen werden, daß die ökonomischen Strukturen unseres Gesundheitssystems und die fortschreitende Technisierung der Medizin die Verdinglichung der Gesundheit zum Konsumgut fördern. Eine solche Sicht von Krankheit und Gesundheit erschwert es den Menschen aber, langdauernde, chronische oder gar unheilbare Krankheiten zu akzeptieren und trotz Krankheit ein sinnvolles Leben zu führen. Das Vertragsdenken befördert außerdem das grundsätzliche Mißtrauen zwischen Arzt und Patient. Während der Patient argwöhnt, vom Arzt nicht optimal versorgt zu werden, fürchtet dieser, mit Regreßforderungen und juristischen Klagen konfrontiert zu werden.

Vor allem täuscht das Vertragsmodell darüber hinweg, daß zwischen der Situation eines Autokaufs und der Arztwahl im Fall einer Erkran-

[4] Siehe z.B. *R.M. Veatch,* A Theory of Medical Ethics, New York 1981, S. 327-330.

kung erhebliche Unterschiede bestehen. Die Autonomie eines Patienten ist, anders als beim Autokauf, aufgrund seiner Hilfsbedürftigkeit erheblich eingeschränkt. Wo gar für das Leben des Patienten Gefahr im Verzug ist, ist die Annahme, der Patient könne sich in aller Ruhe umfassend informieren und unter verschiedenen ärztlichen oder klinischen Angeboten frei wählen, reine Illusion. Das an sich richtige Prinzip der Autonomie des Patienten stößt dort an Grenzen, wo der Patient aufgrund seines Gesundheitszustandes und seiner psychischen Situation gar nicht ein gleichwertiger Partner des Arztes und seiner Helfer sein kann, sondern hilfsbedürftig ist und um seiner Gesundung willen von Verantwortung entlastet werden muß. Die Abnahme der Verantwortung ist freilich auf das wirklich notwendige Maß einzuschränken. Andernfalls führt sie zur Entmündigung und zur Regression des Patienten, wogegen mit Recht das Prinzip der Autonomie und Partnerschaft zur Geltung zu bringen ist.

5.4 Medizin und Macht

Eine zentrale ethische Frage des Verhältnisses zwischen Arzt und Patient ist der Umgang mit Macht und Abhängigkeit. Dabei liegt keineswegs die Macht nur auf seiten des Arztes, die Abhängigkeit auf seiten des Patienten. Die ethische Aufgabe besteht darin, Macht und Abhängigkeitsverhältnisse transparent zu machen und Strukturen zu entwickeln, um mit beidem moralisch vertretbar umzugehen. Der herrschaftsfreie Dialog (Jürgen Habermas)[5] ist dagegen kein realistisches Modell für die Kommunikation zwischen Arzt und Patient. Denn deren Voraussetzung ist zum einen die Hilfsbedürftigkeit des Patienten, zum anderen dessen Vertrauen zum Arzt. Vertrauen aber ist akzeptierte Abhängigkeit (Dietrich Rössler)[6]. Solche faktische Abhängigkeit darf aber nicht zur Entmündigung des Patienten führen. Das Verhältnis zwischen Arzt und Patient ist vielmehr so zu gestalten, daß die Autonomie des Patienten im Rahmen seiner akzeptierten Abhängigkeit gestärkt wird.

Die Stärkung der Autonomie des Patienten führt nur dann zu einer Verbesserung des Vertrauensverhältnisses zwischen Arzt und Patient, wenn Mündigkeit nicht mit einer einseitigen und überzogenen Anspruchshaltung verwechselt wird. Eine wichtige Aufgabe medizinischer Ethik besteht darum in der Kritik eines illusionären Gesundheitsverständnisses, welche der Medizin und ihren Berufsvertretern nicht etwa nur die Linderung, sondern die Abschaffung aller Leiden

[5] Siehe u.a. *J. Habermas,* Theorie des kommunikativen Handelns, 2 Bde., Frankfurt a.M. 1988.

[6] Vgl. D. Rössler, a.a.O. (Anm. 3), S. 21.

aufbürdet[7]. Es liegt freilich auch an der Medizin, die von ihr selbst geweckten Erwartungen zu dämpfen und ihre eigenen Handlungs- und Forschungsziele selbstkritisch zu überdenken.

[7] Vgl. *U. Körtner,* Dimensionen von Heil und Heilung, Ethik Med. 8, 1996, S. 27-42.

6 Seelsorge und Ethik
Zur ethischen Dimension seelsorgerlichen Handelns

6.1 Die Wiederentdeckung der ethischen Frage

Die Ethik hat in den letzten beiden Jahrzehnten einen ungeheuren Aufschwung erlebt. Vergessen scheint die Gesellschaftskritik der 68er Generation, die – freilich mit einem hohen moralischen Anspruch – zur Kritik der bürgerlichen Moral und ihrer überlieferten Werte aufrief. Die wahre Moral schien in der Befreiung von selbiger zu bestehen, die symbolträchtig auf dem Gebiet der Sexualität und Geschlechterbeziehungen erstritten wurde. Inzwischen ist die Kritik der Moral in die Klage über ihren Verlust umgeschlagen. Die risikoträchtige, von immer neuen Modernisierungs- und Globalisierungsschüben erfaßte Gesellschaft euro-amerikanischen Typs vermeldet einen steigenden Bedarf nicht nur an Moral und ethischer Erziehung, sondern – als deren Voraussetzung und zu ihrer kontinuierlichen Unterstützung – auch an professionalisierter Ethik. Ethische Diskurse finden nicht nur in den Feuilletons der Tages- und Wochenzeitungen, in Fernsehdiskussionen und Akademietagungen, sondern auch in neuen Institutionen wie Ethikinstituten und -kommissionen statt, die sich neben den Kirchen, den moralischen Monopolanstalten der vormodernen Gesellschaft, etablieren. An die Stelle älterer Formen eines Berufs- oder Standesethos treten neue Formen eines Ethos gesellschaftlicher Institutionen bzw. Teilsysteme, also z.B. Wirtschaftsethik und Unternehmensethik, Wissenschaftsethik, Rechtsethik, medizinische Ethik, Umweltethik und Ethik des Politischen. Die fundamentale Bedeutung von Moral und Ethik für den Bestand jeder Gesellschaft wie für das Überleben der Menschheit insgesamt wird von den verschiedenen Spielarten des Kommunitarismus ebenso wie von den Wortführern und Anhängern der Idee eines Weltethos behauptet.

Parallel zur gesellschaftlichen Entwicklung hat sich in der Wissenschaftstheorie die Grundlagendiskussion von der Erkenntnistheorie auf die Ethik verlagert. Intensiv wird die Frage nach dem Ethos der Wissenschaft bzw. nach Ethik in den Wissenschaften diskutiert, einhergehend mit der Aufwertung der sogenannten Praktischen Philosophie. Hat die herkömmliche, von der formalen Logik bzw. der Mathematik und den Naturwissenschaften dominierte, Wissenschaftstheorie die philosophische Disziplin der Ethik der Unwissenschaftlichkeit geziehen, so sieht sich heute umgekehrt die naturwissenschaftliche, auch die medizinische, Forschung dem allgemeinen Verdacht der Unmoral ausgesetzt. Ethik im Sinne der Bereitschaft zur öffentlichen Rechenschaft über die Ziele und Folgen wissenschaftlicher Forschung erscheint heute als deren unabdingbare Voraussetzung.

Den gestiegenen Anforderungen ethischer Kompetenz, die an Wissenschaft, Politik und Ökonomie gestellt werden, entspricht die Forderung nach professioneller ethischer Bildung und Erziehung, angefangen beim ethischen Erziehungsauftrag der Schule, der inzwischen nicht mehr nur vom konfessionellen Religionsunterricht, sondern auch von einem allgemeinen Ethikunterricht wahrgenommen wird.[1] Vorangetrieben wird aber auch die Verankerung ethischer Bildung in Studien- und Ausbildungsplänen z.B. für angehende Mediziner oder die Angehörigen heilender und pflegender Berufe. Dabei ist nicht nur die individuelle Aneignung eines traditionellen Berufs- oder Standesethos, sondern der Erwerb fachwissenschaftlicher Kenntnisse auf dem Gebiet der Ethik intendiert, d.h. die Ausbildung einer ethischen Urteils- und Kommunikationsfähigkeit.

Auch in die Seelsorge, ihre Theorie, Ausbildung und Praxis hat die neue ethische Frage inzwischen Einzug gehalten. Die in den USA bereits seit zwanzig[2], im deutschsprachigen Raum seit ungefähr zehn Jahren geführte Debatte über »Seelsorge und Ethik«[3] fügt sich in die skizzierte allgemeine Entwicklung ein. Das gilt für die Theoriebildung ebenso wie für die Diskussion über die künftigen Anforderungen an die Ausbildung professioneller Seelsorgerinnen und Seelsorger auf dem Gebiet der Ethik. Neben der allgemeinen gesellschaftlichen Wertediffusion steht in der nordamerikanischen Diskussion vor allem eine wachsende Skepsis gegenüber der sogenannten humanistischen Psychologie[4] und die große Popularität der von L. Kohlberg begründeten Moralpädagogik[5], die inzwischen auch in die deutschsprachige Diskussion Einzug gehalten hat[6], im Hintergrund.

[1] Siehe dazu u.a. *G. Adam/F. Schweitzer* (Hg.), Ethisch erziehen in der Schule, Göttingen 1996.

[2] Vgl. *H.-H. Brandhorst*, Seelsorge und Ethik – Hinweise auf einen neuen Trend in der nordamerikanischen Pastoralpsychologie, ZEE 28, 1994, S. 84-87.

[3] Vgl. die Beiträge in PTh 80, 1991, H.1.

[4] Vgl. v.a. *D. Browning*, Menschenbilder in zeitgenössischen Modellen der Seelsorge, WzM 33, 1981, S. 406-418.

[5] Siehe v.a. *L. Kohlberg*, Die Psychologie der Moralentwicklung, Frankfurt a.M. 1995.

[6] Vgl. *D. Garz*, Moralentwicklung und Moralerziehung. Hinweis auf einige Arbeiten Lawrence Kohlbergs, ZEE 25, 1981, S. 304-309; *F. Oser/W. Althof*, Morali-

Außerdem läßt sich heute beobachten, daß gerade berufsmäßige Therapeuten, die sich mit neuen ethischen Fragestellungen konfrontiert sehen, Hilfe von den Theologinnen und Theologen erwarten. Die ethische Frage bewegt z.B. in steigendem Maße die Mediziner. »Auf diese Weise kommt die Ethik, die man zur Vordertür herausgelassen hatte, zur Hintertür wieder herein. Der Seelsorger sieht sich in erster Linie nicht als Therapeut, sondern als Ethiker herausgefordert.«[7] Will der so geforderte Seelsorger aber ein kompetenter Gesprächspartner sein, reichen ethische Allgemeinplätze z.B. über die Unverfügbarkeit des Lebens oder die Würde des Menschen nicht aus. Offenbar stehen wir am Beginn eines neuen Professionalisierungsschubes in der Seelsorge. Neben der traditionellen theologisch-dogmatischen Kompetenz und der durch die Seelsorgebewegung der sechziger und siebziger Jahre gewonnenen pastoralpsychologischen Kompetenz ist nun auch die ethische Kompetenz der Seelsorge zu entwickeln.

Diese Entwicklung läßt sich in zwei Richtungen interpretieren. Einerseits kann in ihr eine Erweiterung der seelsorgerlichen Fachkompetenz gesehen werden, andererseits eine Rückkehr zu einem traditionell zentralen Aufgabengebiet christlicher Seelsorge, das für Jahrzehnte – zunächst unter dem Einfluß der dialektischen Theologie bzw. Wort-Gottes-Theologie, später dann aufgrund des therapeutischen Grundverständnisses der modernen Seelsorgebewegung – in den Hintergrund gerückt war. Vorderhand scheint sich so nicht nur ein Defizit der bisherigen Seelsorgebewegung ausgleichen zu lassen, sondern auch eine neue Antwort auf die Frage nach dem Proprium christlicher Seelsorge, deren Unterscheidung von sonstigen therapeutischen Formen der Krisen- und Lebensberatung bisweilen sichtlich schwerfällt, zu ergeben. Die Aufnahme der ethischen Fragestellung gewährleistet nämlich den Anschluß an die maßgebliche christliche Tradition, welche die Seelsorge über Konfessionsgrenzen hinweg primär als individuelle Förderung einer christlichen, ethisch fundierten Lebensführung verstand.[8] Die Verlagerung des Interesses von der therapeutischen auf die im weitesten Sinne pädagogische Funktion der seelsorgerlichen Interaktion führt zwar gegenüber der neueren Seelsorgebewegung zu einer Korrektur, macht die Seelsorge dafür aber – sofern nicht ein bi-

sche Selbstbestimmung. Modelle der Erziehung und Entwicklung im Wertebereich – Ein Lehrbuch, Stuttgart 1992. Zum Vergleich mit tiefenpsychologischen Aspekten siehe *D. Stollberg*, Das Gewissen in pastoralpsychologischer Sicht, WuD 11, 1971, S. 141ff; *A.J. Nowak*, Gewissen und Gewissensbildung heute in tiefenpsychologischer und theologischer Sicht, Freiburg/Basel/Wien 1978 (kath.).

7 *H.M. Müller*, Das Ethos im seelsorgerlichen Handeln, PTh 80, 1991, S. 3-16, hier S. 4.

8 Vgl. H.M. Müller, a.a.O. (Anm. 7), S. 5ff; *D. Rössler*, Grundriß der Praktischen Theologie, Berlin/New York [2]1994, S. 175ff.

blizistisches Konzept von paränetischer Seelsorge verfolgt wird[9] – anschlußfähig für die geschilderte neue gesamtgesellschaftliche Entwicklung. Wird diese Vermittlung zwischen christlicher Glaubenspraxis und allgemeiner Lebenswirklichkeit tatsächlich geleistet, bleibt aber ein zentrales Anliegen der Seelsorgebewegung der siebziger Jahre gewahrt.

Theologisch betrachtet scheint die Verbindung von Seelsorge und Ethik ebenso wie der allgemeine Aufschwung der Ethik in unserer Gesellschaft das neuprotestantische Konzept einer ethischen Theologie zu bestätigen[10], die in der ethischen Transformation theologischer Gehalte die einzig angemessene Antwort auf die Umformungskrise des Christentums in der Moderne sieht. Scheinbar besteht eine Konvergenz zwischen der Ethisierung aller Bereiche der modernen »Risikogesellschaft«[11] und der neuprotestantischen These, derzufolge das Christentum in sein ethisches Zeitalter eingetreten ist.[12] Ein Verständnis von Seelsorge als »Hilfe zu ethischer Lebensführung«[13] erweist sich in besonderem Maße anschlußfähig an T. Rendtorffs Verständnis von Ethik als »Theorie der menschlichen Lebensführung«[14]. Nicht nur die beschriebene allgemeine wissenschaftstheoretische Entwicklung, sondern auch das theologische Konzept einer ethischen Theologie im Sinne Rendtorffs scheinen es nahezulegen, die Ethik geradezu zur neuen Gesamttheorie der Seelsorge zu erklären und über sie das theologische Proprium christlicher Seelsorge zu bestimmen.[15]

Darüber herrscht in der Diskussion freilich keine Einigkeit.[16] Überhaupt ist der Gewinn, den der doppelte Anschluß an die christliche Seelsorgetradition und an die zeitgenössischen Ethikdebatten verspricht, nicht minder ambivalent wie derjenige, den seinerzeit der Anschluß der Seelsorge an Tiefenpsychologie und Psychotherapie er-

[9] Siehe z.B. *M. Dieterich*, Psychotherapie – Seelsorge – Biblisch-therapeutische Seelsorge, Neuhausen/Stuttgart 1987; sowie v.a. *J.E. Adams*, Befreiende Seelsorge. Theorie und Praxis einer biblischen Lebensberatung, Gießen/Basel ^{5}1980; *ders.*, Handbuch der Seelsorge. Praxis der biblischen Lebensberatung, Gießen ^{3}1988.

[10] So v.a. *T. Rendtorff*, Ethik, 2 Bde. (ThW 13,1/2), Stuttgart ^{2}1990/91.

[11] Der – inzwischen inflationär gebrauchte – Begriff stammt von *U. Beck*, Risikogesellschaft. Auf dem Weg in eine andere Moderne, Frankfurt a.M. 1986.

[12] Vgl. *T. Rendtorff*, Ethik, Bd. 1 (ThW 13,1), Stuttgart 1980, S. 15f. So schon R. Rothe, E. Troeltsch und P. Tillich.

[13] *D. Lange*, Evangelische Seelsorge in ethischen Konfliktsituationen, PTh 80, 1991, S. 62-77, hier S. 63.

[14] T. Rendtorff, a.a.O. (Anm. 10), Bd. 1, S. 9ff. Ausdrücklich nimmt darauf Bezug *K. Winkler*, Zum Umgang mit Normen in der Seelsorge, PTh 80, 1991, S. 26-39, hier S. 26. Bemerkenswerterweise fehlt diese Bezugnahme in seinem Lehrbuch der Seelsorge! Vgl. *K. Winkler*, Seelsorge, Berlin/New York 1997.

[15] So z.B. *E. Herms*, Die ethische Struktur der Seelsorge, PTh 80, 1991, S. 40-62.

[16] Vgl. D. Lange, a.a.O. (Anm. 13), S. 63ff.

brachte. Das gilt schon allein in berufssoziologischer Hinsicht. Im Konkurrenzkampf mit Psychologen und Psychologinnen, Therapeutinnen und Therapeuten mag die Erweiterung der eigenen Beratungskompetenz um eine ethische Fachkompetenz vorübergehend einen Vorteil verschaffen. Vor allem das Konzept einer »beratenden Seelsorge«[17] bietet sich für derartige Erweiterungen geradezu an. Freilich haben inzwischen auch die Philosophen den Markt der Lebensberatung für sich und die sogenannte »angewandte Ethik (applied ethics)« entdeckt. Beispielsweise versteht sich das von H. Krämer vertretene Konzept einer »integrativen Ethik«[18] ausdrücklich als Theorie ethischer Beratung, die ausgebildeten Philosophen neue Berufsfelder eröffnen soll.[19]

Auch in theologischer Hinsicht ist die Verbindung von Seelsorge und Ethik nicht unproblematisch. So berechtigt die Kritik an ethischen Defiziten der sogenannten Wort-Gottes-Theologie auch sein mag, so fragwürdig ist die Behauptung, das Konzept einer ethischen Theologie sei die einzig angemessene Gestalt einer »der christlichen Gegenwart zugewandte(n) Theologie«[20]. Die neue Ethikdiskussion innerhalb der Seelsorgetheorie verdient daher eine differenzierte Betrachtung. Hierbei sind mehrere Ebenen der Fragestellung zu unterscheiden. Zunächst ist auf der Theorieebene das Verhältnis von Ethik und Poimenik zu klären. Sodann ist die ethische Dimension seelsorgerlicher Interaktionen zu betrachten, wobei wir nochmals zwischen dem Berufsethos des Seelsorgers, der Seelsorgerin, dem von ihm zu vermittelnden wie dem durch ihn repräsentierten Ethos und den moralischen Standards des oder der Ratsuchenden unterscheiden müssen.

6.2 Theorie der Moral und Poimenik

Um das Verhältnis von Ethik und Seelsorge auf der Theorieebene zu bestimmen, sind zunächst die Begriffe zu klären. Wir beginnen mit dem Begriff der Ethik.

Wichtig ist zunächst die begriffliche Unterscheidung zwischen Ethik und Ethos bzw. zwischen Ethik und Moral. Ethik ist die Theorie der Moral, d.h. die Reflexion, welche menschliches Handeln, anhand der

[17] In den USA spricht man von »Pastoral Counseling«. Siehe v.a. *H.J. Clinebell*, Modelle beratender Seelsorge, München ^{2}1973.

[18] *H. Krämer*, Integrative Ethik (stw 1204), Frankfurt a.M. 1995. Siehe dazu *M. Endreß* (Hg.), Zur Grundlegung einer integrativen Ethik (stw 1205), Frankfurt a.M. 1995.

[19] Vgl. H. Krämer, a.a.O. (Anm. 18), S. 323ff.

[20] T. Rendtorff, a.a.O. (Anm. 10), Bd. 1, S. 44. Kritisch dazu *U. Körtner*, Evangelische Sozialethik. Grundlagen und Themenfelder (UTB 2107), Göttingen 1999, S. 36ff.

Beurteilungsalternative von Gut und Böse bzw. Gut und Schlecht auf seine Sittlichkeit hin überprüft. Die Aufgabe der Ethik besteht aber auch darin, die Begriffe »Gut« und »Böse« zu bestimmen und die Normen und Werte, nach denen in einer Gesellschaft üblicherweise über Gut und Böse entschieden wird, einer beständigen Überprüfung zu unterziehen.

Begriff und Disziplin der Ethik gehen auf Aristoteles zurück, der erstmals von einer ethischen Theorie (ἠθικῆς θεωρία) gesprochen hat.[21] Das Attribut »ethisch« leitet sich von der griechischen Vokabel ἦθος her, die den gewohnten Ort des Wohnens, im übertragenen Sinne Gewohnheit, Sitte, Brauch bezeichnet. Dem entspricht das lateinische Wort »mos, mores«. Dem Begriff der Ethik entspricht der von Cicero geprägte Begriff der »philosophia moralis«.[22] Zur Ausbildung einer eigenständigen Ethik, d.h. einer Reflexion über die vorgängige Moral, kommt es erst in dem Augenblick, wo die überlieferten Sitten ihre Selbstverständlichkeit verlieren und sich neu legitimieren müssen. Das geschieht zur Zeit des Aristoteles in der griechischen Polis aufgrund sozialer Umbrüche.

Neben der Vokabel ἦθος gibt es im Griechischen noch das Wort ἔθος, das mit »Gewohnheit« oder »Gewöhnung« zu übersetzen ist. Beide Wortstämme gehen in das deutsche Fremdwort Ethos ein, das für eine moralische Grundhaltung, eine Lebenshaltung oder einen bestimmten Typus von Sittlichkeit steht. Diese kann auch an die Zugehörigkeit zu einer bestimmten Gruppe von Menschen gebunden sein. So sprechen wir vom Berufsethos, z.B. vom ärztlichen Standesethos. Moral bezeichnet dagegen im heutigen Sprachgebrauch die Verhaltensnormen der gesamten Gesellschaft oder einer Gruppe, die aufgrund von Tradition akzeptiert und stabilisiert werden.

Für die Disziplin der Ethik gibt es unterschiedliche Bezeichnungen, zumal Ethik sowohl innerhalb der Philosophie wie innerhalb der Theologie betrieben wird. In der Philosophie ist neben »Ethik« und »Moralphilosophie« der Begriff der »Praktischen Philosophie« gebräuchlich. Die theologische Disziplin der Ethik wird innerhalb der katholischen Theologie als »Moraltheologie«, innerhalb der evangelischen Theologie heutzutage als »theologische Ethik« bezeichnet, wobei der katholische Fächerkanon nochmals zwischen Moraltheologie und Sozialethik unterscheidet. Wird die Ethik ihrerseits zum Gegenstand der Reflexion erhoben, d.h. werden die erkenntnistheoretischen und anthropologischen Voraussetzungen ethischer Theorie- und Urteilsbildung untersucht, so sprechen wir von Fundamentalethik.

Zur fundamentalethischen Theoriebildung gehört die Überprüfung ethischer Begrifflichkeit sowie die Unterscheidung der Ethik von an-

21 *Aristoteles*, Anal. post 89 b 9.
22 *Cicero*, De fato 1.

deren Betrachtungsweisen menschlichen Handelns und Verhaltens. Moral und Ethik operieren mit dem Basiscode »gut/böse« bzw. »gut/schlecht«. Nun ist der Begriff des Guten mehrdeutig. Wir sprechen nicht nur von guten Taten, sondern auch davon, daß es uns gut oder schlecht geht, von einer guten oder schlechten Mahlzeit, einer guten oder schlechten Theaterinszenierung, einem guten oder schlechten Buch, einem guten oder schlechten Werkzeug.

Offenbar handelt es sich bei den genannten Beispielen nicht um moralische bzw. ethische, sondern um ästhetische oder technische Urteile. Dem Code »gut/schlecht« liegt in diesen Fällen eine teleologische Betrachtungsweise zugrunde, welche Handlungen und Gegenstände nach ihrer Zweckmäßigkeit bzw. danach befragt, ob sie ihren Zweck erfüllen oder nicht. So sprechen wir beispielsweise von einer gut sitzenden Hose oder einer gut gehenden Uhr. Auch die Beurteilung einer Theateraufführung als gut ist kein moralisches Urteil, ist doch in der Kunst das Gegenteil von »gut« bekanntlich »gut gemeint« (Alfred Polgar).

Auch im Bereich von Wirtschaft und Technik ist zwischen der sachorientierten und der moralischen Verwendung des Codes »gut/schlecht« zu unterscheiden. Ein Maschinengewehr kann gut funktionieren. Sein Einsatz mag in taktischer Hinsicht gut sein. Doch ob es moralisch gut oder schlecht ist, das Gewehr auf Menschen zu richten, ist nochmals eine ganz andere Frage. Jemand kann ein gutes Geschäft gemacht haben. Doch ist damit noch nicht gesagt, daß seine Geschäftsmethoden auch in moralischer Hinsicht gut sind.

Was jeweils unter dem moralisch Guten oder Schlechten zu verstehen ist, läßt sich nicht allgemeingültig sagen. Man kann aber eine formale Antwort geben, wonach unter dem moralisch Guten das nicht nur in einer bestimmten Hinsicht oder in mehrfacher Hinsicht, sondern das in jeder Hinsicht Gute zu verstehen ist. Umstritten ist aber, ob es an sich gute oder schlechte Handlungen gibt.

Befassen wir uns mit Sitten und gesellschaftlich akzeptierten Verhaltensregeln, so stellt sich die Frage, wie sich die Ethik von anderen Wissenschaften wie z.B. der Psychologie, der Soziologie und der Sozialgeschichte oder auch der Verhaltensbiologie abgrenzt. Denn vom griechischen ἔϑος leitet sich auch der Begriff der Ethologie, d.h. der biologischen Verhaltensforschung ab, zu der unter anderem die Teildisziplin der Humanethologie gehört. Offenkundig muß auch die Ethik zunächst beschreibend-analytisch und historisch-genetisch verfahren. Dabei wird sie die Zugänge und Ergebnisse anderer Wissenschaften einbeziehen. Doch eine bloße Beschreibung gesellschaftlicher Normen, ihrer Herkunftsgeschichte und Wirkungsweise ist noch keine Ethik. Ethik beruht auf der Unterscheidung von Faktizität und Geltung. Sie stellt im Blick auf Verhaltensnormen die Geltungsfrage und erhebt demnach immer einen normativen Anspruch.[23] »Die Eigentümlichkeit der Moralität etwa in Abgrenzung zum Ästhetischen, Religiösen oder Politischen ist nicht anders zu bestimmen als durch den Anspruch des Guten und die Abweisung des Bösen/Schlechten.«[24] Ethik fragt also nicht nur, was ist, sondern was sein soll, weil es in jeder Hinsicht gut wäre. Sie setzt sich aber auch mit der Frage auseinander, *warum* es gut ist, sich ethische Fragen zu stellen, und schlecht, diesen Fragen auszuweichen.

In der gegenwärtigen Diskussion zum Verhältnis von Seelsorge und Ethik spielt, wie schon gesagt wurde, die Definition T. Rendtorffs eine wichtige Rolle, der als Ethik die Theorie der menschlichen Lebensführung bezeichnet.[25] Ethik befaßt sich nach dieser Definition also nicht nur mit einzelnen Handlungen oder Handlungsketten, sondern mit der Lebensführung als ganzer. Das entspricht der aristotelischen Tradition, derzufolge Gegenstand der Ethik das gute Leben ist. Im kirchlichen Jargon wird heute auch gern vom »gelingenden Leben« gesprochen.

Nun ist zweifellos richtig, daß das menschliche Leben mehr ist als die Summe isolierbarer Handlungen. Die einzelne Handlung ist eingebettet in die individuelle Biographie und gewinnt ihren Sinn im Rahmen dieses Kontextes. Wird allerdings die Aufgabe theologischer Ethik mit derjenigen einer Theorie der Lebensführung gleichgesetzt, so führt dies dazu, daß die Ethik mit der Fundamentaltheologie zusammenfällt, wobei dann aber die Gefahr besteht, daß alle Themen der Theologie, die sich gegen eine ethische Funktionalisierung sperren, ausgeklammert werden.[26]

Gegen ein Verständnis von Ethik als Theorie menschlicher Lebensführung läßt sich außerdem einwenden, daß der Begriff der Lebensführung zu stark personalethisch ausgerichtet ist. Die Begründungsprobleme heutiger Ethik rühren gerade daher, »daß das überkommene Konzept der Person, wonach diese das organisierende Zentrum des Handelns und somit auch der Ort ethischer Verantwortung ist, mit der Realität vergesellschafteten Handelns nicht mehr zusammenstimmt«[27]. Der Gedanke einer durchgängigen Identität menschlicher Lebensfüh-

[23] Zu Unterscheidung von Faktizität und Geltung vgl. *J. Habermas*, Faktizität und Geltung. Beiträge zur Diskurstheorie des Rechts und des demokratischen Rechtsstaats, Frankfurt a.M. 1992.

[24] *S.H. Pfürtner*, Zur wissenschaftstheoretischen Begründung der Moral, in: *N. Luhmann/S.H.Pfürtner* (Hg.), Theorietechnik und Moral (stw 206), Frankfurt a.M. 1978, S. 176-267, hier S. 219.

[25] Vgl. oben Anm. 14.

[26] Zur Kritik an Rendtorff vgl. auch *M. Honecker*, Einführung in die Theologische Ethik, Berlin/New York 1990, S. 30f.

[27] *J. Fischer*, Theologische Ethik und Christologie, ZThK 92, 1995, S. 481-516, hier S. 504.

rung scheitert heute daran, daß der einzelne seines Lebens keineswegs zu jedem Zeitpunkt mächtig ist. Kontingenzerfahrungen, die nicht nur von Naturereignissen, sondern auch von der Unübersichtlichkeit und Komplexität der modernen Lebensverhältnisse herrühren, führen zu der Einsicht, daß der faktische Lebens*verlauf* nur zum Teil das Resultat bewußter Lebens*führung* ist. Wohl gibt es nicht nur einzelne Handlungen, sondern auch Handlungs*weisen*.[28] Auch lassen sich *Lebensweisen* bzw. *Lebensstile* unterscheiden.[29] Aber der faktische Lebensverlauf ist mehr als die Summe unserer Handlungen und nur zum Teil das Resultat unseres Planens und Wollens.

Das gilt auch für die Gesellschaft, in deren Kontext das Einzelleben eingebettet ist. Wohl sind Gestalt und Entwicklung der Gesellschaft und ihrer Teilsysteme die Folge menschlicher Handlungen, aber nicht das Ergebnis bewußter Entscheidungen eines Kollektivsubjektes »Gesellschaft«. Insofern ist die gesellschaftliche Entwicklung einerseits vom Handeln ihrer Mitglieder abhängig und andererseits ihrem Handeln entzogen bzw. vorgegeben. Aus diesem Grund wollen wir unter Ethik nicht eine allgemeine Theorie des Lebens und der menschlichen Wirklichkeit, sondern die Theorie menschlichen Handelns, seiner Bedingungen, Voraussetzungen und Folgen verstehen.[30] Das aber bedeutet, daß die Ethik auch die Grenzen menschlicher Handlungsmöglichkeiten und bewußter Lebensführung, und d.h. auch die Grenzen des Ethischen, stets mitzubedenken hat.

Es sind nun aber doch gerade diese Krisenerfahrungen, mit denen es die Seelsorge immer wieder zu tun hat. Nicht nur Konflikte bei der Lebensführung, sondern Erfahrungen des Scheiterns, des Leidens und der Ohnmacht lassen Menschen nach seelsorgerlichem Beistand suchen. So gewiß sie Rat und Lebenshilfe suchen, Hilfe bei der Klärung ethischer Fragen, so gewiß brauchen Menschen auch Trost und Solidarität in Situationen, die sich gar nicht oder jedenfalls nicht sogleich durch menschliches Handeln verändern lassen. Auch die sogenannten Kontingenzen des Lebens lassen sich nicht immer »bewältigen«, sondern können bestenfalls nur ausgehalten und von anderen Menschen mitgetragen und erduldet werden. Die Grenze zwischen Widerstand und Ergebung im konkreten Fall auslotend[31], hat Seelsorge Menschen

[28] Vgl. *E. Herms*, Gesellschaft gestalten. Beiträge zur evangelischen Sozialethik, Tübingen 1991, S. XVII.

[29] Vgl. *D. Korsch*, Religion mit Stil. Protestantismus in der Kulturwende, Tübingen 1997, S. 1ff.

[30] Vgl. auch M. Honecker, a.a.O. (Anm. 26), S. 31; *J. Fischer*, Handeln als Grundbegriff christlicher Ethik. Zur Differenz von Ethik und Moral (ThSt [B] 127), Zürich 1983.

[31] Vgl. *D. Bonhoeffer*, Widerstand und Ergebung. Briefe und Aufzeichnungen aus der Haft, hg. v. E. Bethge, Neuausgabe München ^{3}1985, S. 244.

nicht nur bei der Suche nach neuen Handlungsmöglichkeiten zu helfen, sondern auch zur Trauer und zur Klage zu ermutigen.[32]
Dementsprechend kritisch stehe ich Versuchen gegenüber, die Aufgabe der Seelsorge insgesamt als ethische bzw. pädagogische zu bestimmen und die Ethik zur Metatheorie der Poimenik zu erklären bzw. beide zusammenfallen zu lassen. Letzteres geschieht bei E. Herms, der die Seelsorge, und zwar ihren Vollzug als ganzen, in ethischen Kategorien begreifen möchte, »nämlich als dasjenige ethisch positiv qualifizierte – am ethischen Urteil – Handeln (Interagieren), als dessen resultierendes Gut eine Kräftigung oder Erweiterung der Fähigkeit zu ethisch positiv qualifiziertem – am ethischen Urteil orientiertem – Handeln, also eine Steigerung der ethischen Urteilsfähigkeit entsteht.«[33] Die Aufgabe des Seelsorgers sei daher in erster Linie, »die ethische Urteilsfähigkeit des Hilfesuchenden zu steigern«, d.h. aber seine Selbstwahrnehmung als verantwortliches Subjekt seines Handelns und seiner Lebensführung zu fördern und etwaige Entwicklungshemmungen oder Blockaden abzubauen. Positive Aufnahme findet der Ansatz E. Herms' in der Seelsorgekonzeption K. Winklers[34], welche Seelsorge allgemein »als Freisetzung eines christlichen Verhaltens zur Lebensbewältigung«[35] versteht. Unter Verhalten wird im weitesten Sinne sowohl das äußere wie auch das innere (Probe-) Handeln des Menschen gefaßt.[36] Im besonderen ist Seelsorge »die Bearbeitung von Konflikten unter einer spezifischen Voraussetzung.«[37] Unter die spezifischen Voraussetzungen rechnet Winkler das Handeln bestimmende Motive, d.h. individuelle Verhaltensbedingungen wie Persönlichkeitskonstrukte, weltanschauliche Voraussetzungen, Deutungsmuster, aus denen Antworten auf die Sinnfrage abgeleitet werden.[38] Seelsorgerliches Handeln fußt auf einem »Vor-Urteil«[39], d.h. »auf einer angebbaren (weltanschaulichen) Voraussetzung«[40]. Unter dem Stichwort »Verhalten« hat Seelsorge »eine deutliche Affinität zum möglichen und zum unmöglichen, d.h. aber praktisch auch zum ›richtigen‹ oder zum ›falschen‹ Verhalten. Damit besteht eine enge Beziehung zur *Ethik*. Eine Verhältnisbestimmung ist deshalb naheliegend und angezeigt. Denn alles seelsorgerliche Handeln und seine

[32] Vgl. *H. Luther*, Die Lügen der Tröster. Das Beunruhigende des Glaubens als Herausforderung für die Seelsorge, PTh 33, 1998, S. 163-176, hier S. 170.
[33] E. Herms, a.a.O. (Anm. 15), S. 53.
[34] Vgl. K. Winkler, Seelsorge (s. Anm. 14), S. 275.
[35] K. Winkler, Seelsorge (s. Anm. 14), S. 3.
[36] K. Winkler, Seelsorge (s. Anm. 14), S. 5. 274.
[37] K. Winkler, Seelsorge (s. Anm. 14), S. 3.
[38] K. Winkler, Seelsorge (s. Anm. 14), S. 9f.
[39] *D. Stollberg*, Mein Auftrag – Deine Freiheit, München 1972, S. 20ff.
[40] K. Winkler, Seelsorge (s. Anm. 14), S. 10.

Folgen ist gleichzeitig ethisch zu verantworten.«[41] Die ethische Dimension – Winkler spricht wie Herms von der ethischen Struktur – der Seelsorge besteht vor allem in der gleichermaßen zeitgemäßen wie persönlichkeitsspezifischen Gewissensbildung.[42]
Der Neuakzentuierung der ethischen Dimension seelsorgerlichen Handelns entspricht die Betonung seiner pädagogischen Aufgabe.[43] Winkler hält freilich neben der seelsorgerlich-pädagogischen an der seelsorgerlich-therapeutischen Dimension fest.[44] Gegenüber einem therapeutischen Verständnis von Seelsorge, das in der Seelsorgebewegung der siebziger Jahre vorherrschte, bedeutet dies jedenfalls eine gewisse Korrektur. Der therapeutische Aspekt kann sogar stark zurückgedrängt oder in den pädagogischen integriert werden.[45] Daraus erklärt sich das wachsende Interesse an L. Kohlbergs entwicklungspsychologischem Konzept moralischer Erziehung. Allerdings läßt sich auch das früher dominierende, aus ethischer Sicht heute unzureichend erscheinende[46] Modell der nichtdirektiven Gesprächstherapie von C. Rogers als pädagogisches Programm verstehen, wenngleich mit einer anderen – theologisch keineswegs unproblematischen[47] – anthropologischen Grundlage.[48] Die Poimenik entdeckt offenbar neu die *paränetische Funktion der Seelsorge* und lenkt in modifizierter Form auf das der Schweizer Reformation entstammende Bild des Seelsorgers als Erzieher zurück. Schon H. Asmussen, ein Vertreter der Wort-Gottes-Theologie, hat unter Seelsorge (»Seelenführung«) vor allem »Erziehung« verstanden.[49] Auch Winkler betont den pädagogischen Aspekt der Seelsorge: »Ein seelsorgerlich handelnder Mensch vermag eine mehr oder minder wichtige, prägende Rolle im ›Lebenslauf‹ eines ratsuchenden Menschen zu spielen. Er kann auf diese Weise ›erziehend‹ wirken und verhaltensprägenden Einfluß gewinnen.«[50] Herms weist sogar ein Verständnis von Seelsorge als Therapie ausdrücklich zurück, jedenfalls ein solches, bei welchem der Ratsuchende in einer Weise entlastet wird, daß er sich nicht als eigenverantwortlicher, fehlbarer Träger von Entscheidungen wahrnehmen

41 K. Winkler, Seelsorge (s. Anm. 14), S. 6.
42 Vgl. K. Winkler, Seelsorge (s. Anm. 14), S. 274ff.
43 Vgl. D. Rössler, a.a.O. (Anm. 8), S. 213.
44 Vgl. K. Winkler, Normen (s. Anm. 14), S. 39.
45 Vgl. schon die von R. Riess geprägte Formulierung »eduktive Seelsorge«. Siehe *R. Riess*, Seelsorge, Göttingen 1973, S. 190. 201ff.
46 Vgl. oben Anm. 4.
47 Zur Kritik an Rogers siehe die ausgewogene Arbeit von *M. Jochheim*, Carl R. Rogers und die Seelsorge, ThPr 28, 1993, S. 221-237.
48 Vgl. *H. Faber* in: *ders./E.v.d. Schoot*, Praktikum des seelsorgerlichen Gesprächs, Göttingen [7]1987, S. 27ff.
49 *H. Asmussen*, Die Seelsorge, München [4]1946, S. 44ff.
50 K. Winkler, Seelsorge (s. Anm. 14), S. 4.

kann. So wichtig es ist, diesen Gesichtspunkt gegenüber der einseitigen Ausklammerung moralischer Fragen aus der Seelsorge zur Geltung zu bringen, so einseitig erscheint mir doch ihre Aufgabenbestimmung bei Herms aus den bereits genannten Gründen zu sein. Anlaß zu seelsorgerlicher Interaktion geben zwei verschiedene, nicht immer zu trennende, aber doch zu unterscheidende Arten von Konflikten: »ethische Konflikte und Konflikte mit widerfahrendem Schicksal«[51].

Während Herms eine durchgängig ethische Struktur der Seelsorge postuliert, fragt T. Rendtorff zurückhaltender nach ihrem ethischen Sinn und sieht darin durchaus eine Beschränkung der poimenischen Fragestellung. Die Seelsorge hat seiner Ansicht nach eine ethische Dimension, ohne in dieser vollständig aufzugehen.[52] Rendtorff macht sich die umfassende Seelsorgedefinition D. Rösslers zu eigen, der Seelsorge als »Hilfe zur Lebensgewißheit«[53] begreift. Seelsorge soll demnach »Lebensgewißheit stärken, fördern, erneuern oder begründen« und wird dann erforderlich, wenn ein »Mangel an Lebensgewißheit« besteht, wobei der Begriff der Lebensgewißheit bei Rössler die religiöse Dimension der Glaubensgewißheit einschließt. Wenn nun Rendtorff den ethischen Sinn der Seelsorge in der »Konkretion religiöser Praxis als Bejahung des Lebens im Konflikt« und in der »Wiederherstellung des Selbstvertrauens« sieht[54], so denkt er in erster Linie an schuldhafte Konflikte und an die Problematik von Schuld und Vergebung. Andere Dimensionen wie der Umgang mit unverschuldetem Leiden, mit Krankheit und Tod bleiben ausgespart, jedenfalls soweit sie nicht unmittelbar eine ethische Fragestellung aufwerfen. Mit F. Wintzer möchte ich daher *neben* der ethischen die religiöse und die therapeutische bzw. kommunikationsfördernde Dimension der Seelsorge unterscheiden.[55]

6.3 Die ethische Dimension seelsorgerlichen Handelns

In ethischer Hinsicht lassen sich mehrere Aspekte der seelsorgerlichen Interaktion unterscheiden. Was die am Kommunikationsgeschehen beteiligten Personen betrifft, so stellt sich die Frage nach ihrem jewei-

[51] D. Lange, a.a.O. (Anm. 13), S. 66.

[52] Vgl. T. Rendtorff, a.a.O. (Anm. 10), Bd. 1, S. 217f.

[53] D. Rössler, a.a.O. (Anm. 8), S. 210; vgl. T. Rendtorff, a.a.O. (Anm. 10), Bd. 1, S. 218 (Rösslers Werk wird dort nach der 1. Aufl. 1986 zitiert).

[54] T. Rendtorff, a.a.O. (Anm. 10), Bd. 1, S. 218.

[55] Vgl. *F. Wintzer*, Seelsorge zwischen Vergewisserung und Wegorientierung, PTh 80, 1991, S. 17-26. Unter letztere ist auch die von D. Rössler, a.a.O. (Anm. 8), S. 214 als diakonisch bezeichnete Aufgabe zu rechnen, Lebensgewißheit »in bezug auf die Gemeinschaft des Lebens« zu stärken.

ligen Ethos, ihren persönlichen Moralvorstellungen und dem Grad ihrer Reflexivität. Auf der einen Seite steht der Ratsuchende, auf der anderen Seite der Seelsorger oder die Seelsorgerin. Er oder sie versucht die eigene Rolle im Sinne eines Berufsethos auszufüllen, das persönlichkeitsspezifisch entwickelt (und hoffentlich auch gegebenenfalls korrigiert) wird. Zu dieser Rolle gehört es auch, ein besonderes Ethos zu repräsentieren. Wer einen Seelsorger aufsucht, sieht ihn ihm den Repräsentanten der Kirche bzw. einer christlichen Grundeinstellung. Sodann hat der Ratsuchende seine eigenen moralischen Überzeugungen. Diese können sich von denjenigen des Seelsorgers deutlich unterscheiden. Sind mehrere Ratsuchende am Gespräch beteiligt, z.B. in der Familien- und Eheberatung oder auch in einem medizinethischen Konfliktfall, in den neben dem Patienten und dem verantwortlichen Arzt auch das Pflegeteam (mit deren jeweiligem Berufsethos) und Angehörige des Kranken einbezogen sind, kann das Problem divergierender Moralvorstellungen noch komplizierter werden. Und schließlich ist zu bedenken, daß die individuellen moralischen Überzeugungen der an der seelsorgerlichen Kommunikation beteiligten Personen in einem Wechselverhältnis zu den in der Gesellschaft allgemein kommunizierten Normen und Werten stehen.

Was das Ziel des seelsorgerlichen Handelns anbelangt, so sind zunächst die Situation und die Art des bestehenden Konfliktes möglichst genau zu analysieren.[56] Inwiefern handelt es sich im präzisen Sinne des Wortes um einen ethischen Konflikt, inwieweit um einen Konflikt mit widerfahrendem Schicksal? Sodann muß versucht werden zu klären, inwieweit es sich um einen Konflikt mit einer von außen herangetragenen ethischen Forderung oder um einen inneren Gewissenskonflikt handelt. Der Konflikt mit der ethischen Forderung kann darin bestehen, einem Menschen oder einer Situation nicht gerecht zu werden, obwohl einem die durch die Situation gestellte ethische Forderung einleuchten müßte. Das kann aus Mangel an Einsicht, aufgrund eines Irrtums oder auch einer besserem Wissen zuwiderlaufenden Willensbestimmung der Fall sein. Der Gewissenskonflikt besteht in einem inneren Konflikt zwischen zwei als unbedingt erfahrenen und als solche auch bejahten ethischen Forderungen, der nur eine in jedem Fall schuldhafte Entscheidung zuläßt, wobei allerdings die Eindeutigkeit der unbedingten Forderung im wirklichen Leben keineswegs immer schon feststeht. Zuvor ist daher die Ausgangssituation, die den Anlaß zum Aufsuchen des Seelsorgers bietet, zu analysieren, wofür D. Lange hilfreiche Vorschläge macht.[57] Dazu gehört neben der vorläufigen Beschreibung des Konfliktes sowohl die Feststellung der äußeren

56 Vgl. D. Lange, a.a.O. (Anm. 13), S. 73ff.

57 Zum folgenden vgl. *D. Lange*, Ethik in evangelischer Perspektive. Grundfragen christlicher Lebenspraxis, Göttingen 1992, S. 508ff. 520f.

Fakten als auch die Erfassung der inneren Situation der Betroffenen, ihrer seelischen Befindlichkeit, ihrer Lebensgeschichte, ihrer Gewissensorientierung und religiösen Einstellung, ihrer Motive und Erwartungen.
Sofern das Seelsorgegespräch eine ethische Beratung im engeren Sinne des Wortes geben will, müssen in einem weiteren Schritt die Elemente und das Verfahren der ethischen Urteilsbildung geklärt werden. Zu prüfen sind die subjektiven Bedingungen der Beteiligten, z.B. die Möglichkeiten und Grenzen des Einfühlungsvermögens und der erforderlichen intellektuellen und praktischen Fähigkeiten oder ihrer psychischen Belastbarkeit. Schließlich ist der Konflikt möglichst genau zu bestimmen, wozu auch die Einschätzung der einander widerstreitenden Kräfte und Interessen gehört. In einem weiteren Schritt sind die Verhaltensalternativen hinsichtlich ihrer Durchführbarkeit, ihrer möglichen Folgen und Verhältnismäßigkeit abzuwägen. Das ethische Urteil setzt sodann die Reflexion der zur Anwendung gelangenden ethischen Normen voraus. Sie sind zu gewichten und auf ihre Verallgemeinerbarkeit und Situationsgerechtigkeit hin zu überprüfen. Weiter ist eine Güterabwägung vorzunehmen, wobei es sich oftmals um eine Übelabwägung handeln wird. Erst am Schluß dieses Prozesses kann eine ethisch verantwortliche Entscheidung, d.h. eine bewußte Wahl zwischen den möglichen Handlungsalternativen stehen. Ethisch verantwortlich ist eben nur eine solche Entscheidung, die sich gemäß der vorherigen Schritte begründen läßt und vor ihrer praktischen Umsetzung nochmals zu überprüfen ist.
Die Vermittlung zwischen allgemeinen Normen und der konkreten ethischen Entscheidung stellt allerdings ein erhebliches Problem jeder ethischen Beratung dar. Der in der heute gebräuchlichen Bezeichnung »angewandte Ethik (applied ethics)« enthaltene Begriff der Anwendung markiert das theoretisch noch keineswegs gelöste Problem, wer hier eigentlich was und mit welcher Zielsetzung anwendet.[58] Ethische Entscheidungsfindung ist nicht einfach gleichbedeutend mit der Applikation vorausgesetzter Normen. Für unser Handeln gibt es keineswegs nur moralische, sondern legitime außermoralische Gründe – wie z.B. Affekte der Zuneigung oder der Furcht –, und »Gewissen ist nicht identisch mit einem Vernunftkalkül«[59].
Probleme enthält auch der Begriff der Beratung. Ein Grundsatz ethischer Beratung wie jedes seelsorgerlichen Gespräches ist die Nichtdirektivität. Sie wird heute auch in der ärztlichen Beratungspraxis als grundlegendes Kriterium akzeptiert. Richtig an diesem aus der Psy-

[58] So richtig *M. Honecker*, Themen und Tendenzen der Ethik, ThR 63, 1998, S. 74-133, hier S. 132f.
[59] M. Honecker, a.a.O. (Anm. 58), S. 132.

chotherapie C. Rogers'[60] stammenden Begriff ist, daß Beratung nicht mit bevormundender Belehrung verwechselt werden darf. Auch in ethischer Hinsicht gilt für das seelsorgerliche Gespräch, daß die Rolle des Beratenden in der »Teilnahme am inneren Dialog«[61] des Ratsuchenden besteht. Der Seelsorger, die Seelsorgerin hat die Aufgabe, dem Klienten bei der Findung einer eigenverantwortlichen Gewissensentscheidung zu helfen. Die Maxime der Nichtdirektivität stößt hierbei freilich an Grenzen. »Der Seelsorger kann in diesem Prozeß weder als Medium (Spiegel) noch als unbeteiligter Zuschauer agieren, sondern er ist beteiligt als Repräsentant. Er repräsentiert gegenüber der Subjektivität [sc. des Ratsuchenden] sowohl das allgemeine Ethos wie das ›bessere Ich‹.«[62]

Im Rahmen der ethischen Urteilsbildung kommt der Frage, welches Ethos der Seelsorger vermitteln will bzw. aus Sicht des Ratsuchenden repräsentiert, große Bedeutung zu. Seelsorgerliches Handeln setzt voraus, daß der Seelsorger, die Seelsorgerin dieses Ethos hinreichend reflektiert hat. Das verallgemeinerungsfähige Ethos, welches er oder sie repräsentiert bzw. repräsentieren will, soll ein erkennbar christliches sein, das sich von der in der Gesellschaft vorherrschenden allgemeinen Moral durchaus unterscheiden kann. Seelsorge will Menschen zu neuer Lebens- und Glaubensgewißheit helfen, nicht damit sie einfach *weiter*, sondern damit sie *anders* leben.[63] Die paränetische Funktion der Seelsorge schließt unter Umständen die Hilfe zu einer anstehenden Korrektur der Lebensführung ein.

Allerdings herrscht darüber, was als christliches Ethos zu gelten hat, in der pluralistischen Gesellschaft keineswegs ein Konsens. Ein ethischer Pluralismus kennzeichnet auch die Volkskirche. Es verbietet sich daher eine biblizistisch-normative Gesprächsführung, wie sie z.B. die »nuthetische Seelsorge« von J.E. Adams propagiert.[64] Umso mehr muß sich der Seelsorger bewußt sein, daß seine ethischen Aussagen wie sein Verhalten in der seelsorgerlichen Interaktion für den Ratsuchenden zu einer (positiven wie negativen) Bestätigung oder auch Neubestimmung seines Bildes von christlicher Ethik und Lebensführung führen können. Grundsätzlich sollte die ethische Urteilsbildung in der Seelsorge nicht nach einem kasuistischen Modell erfolgen. Es geht also nicht um die Anwendung vermeintlich überzeitlicher Normen, sondern deren Gültigkeit und Lebensdienlichkeit steht in jedem ethischen Konflikt neu auf dem Spiel. Der zu bearbeitende Konflikt

60 Vgl. *C. Rogers*, Die nichtdirektive Beratung, München 1972.

61 *R. Preul*, Die Bedeutung des Gewissensbegriffs für die Seelsorge, in: *ders.*, Luther und die praktische Theologie, Marburg 1989, S. 71-83, hier S. 81.

62 H.M. Müller, a.a.O. (Anm. 7), S. 14.

63 Vgl. H. Luther, a.a.O. (Anm. 32), S. 176.

64 Vgl. J.E. Adams, Befreiende Seelsorge (s. Anm. 9), S. 37ff.

führt möglicherweise beim Ratsuchenden wie beim Seelsorger zu einem neuen Verständnis dessen, was eigentlich christlich ist.
Als ein konkretes Beispiel für die Problematik der Nichtdirektivität seien heutige Fragen der medizinischen Ethik genannt. Betrachten wir z.B. den Fall einer genetischen Beratung.[65] Das Prinzip der Nichtdirektivität findet sich in vielen Beratungsrichtlinien. Intendiert ist, wie heute auch sonst in der Medizin, die Achtung und Stärkung der Autonomie des Patienten. Anders als in der Psychotherapie suchen die Klienten in der genetischen Beratung aber nicht nach neuem Selbstvertrauen, sondern ärztlichen Rat, d.h. eine – gewiß Empathie voraussetzende – Handlungsempfehlung, über deren Befolgung sie freilich selbst entscheiden müssen.[66] Zwar ist das Selbstbestimmungsrecht der Ratsuchenden unbedingt zu achten. Doch ein Beratungsgespräch verläuft niemals ethisch neutral. Seine ethischen Implikationen auf seiten der Klienten wie des beratenden Genetikers müssen daher bewußt gemacht werden. Andernfalls besteht die Gefahr, daß der beratende Arzt wohl den Wissens- und Entscheidungsraum des Einzelnen erweitert, dieser dann aber völlig sich selbst und seinen ethischen Dilemmata überlassen bleibt. Die bloße Nachfrage nach prädiktiver Diagnostik ersetzt dann die Ethik. Schon die Frage, welches Wissen dem Ratsuchenden zugemutet werden kann bzw. ob er es sich und anderen zumuten will, ist eine ethische Frage von erheblichem Gewicht. Auch ist zu beachten, daß Wechselwirkungen zwischen der individuellen Ebene genetischer Beratung und ihrem gesellschaftlichen Kontext stattfinden. Im Ergebnis begünstigen sie möglicherweise einen problematischen Wertewandel zugunsten einer eugenischen Einstellung. Wechselwirkungen bestehen aber auch zwischen ethischer Theorie und Praxis. Jede Theoriebildung hat bereits lebenspraktische Bedeutung, wie umgekehrt die Lebenspraxis kritisch reflektiert werden muß.
Auch jedes seelsorgerliche Gespräch ist der mögliche Ort einer solchen Wechselwirkung. Darum darf auch hier Nichtdirektivität nicht mit ethischer Neutralität verwechselt werden. Soll das Gegenüber wirklich als Person ernstgenommen werden, dann darf in solchen Fällen, in denen der Klient eindeutig inhumane und verantwortungslose Einstellungen und Verhaltensweisen zu erkennen gibt, einer »verschärfte(n) ethische(n) Diskussion«[67] nicht ausgewichen werden.

65 Vgl. U. Körtner, a.a.O. (Anm. 20), S. 220ff.
66 Vgl. *S. Reiter-Theil*, Nichtdirektivität und Ethik in der genetischen Beratung, in: *E. Ratz* (Hg.), Zwischen Neutralität und Wertung. Zur Theorie und Praxis von Beratung in der Humangenetik, München 1995, S. 83-91; *dies.*, Ethische Fragen in der genetischen Beratung. Was leisten Konzepte wie »Nichtdirektivität« und »ethische Neutralität« für die Problemlösung?, Conc 34, 1998, S. 138-148.
67 H.-H. Brandhorst, a.a.O. (Anm. 2), S. 86. Vgl. auch *Th.C. Hennessy*, The Counselor Applies the Kohlberg Moral development Model, in: *ders.* (Hg.), Va-

Eine wichtige Voraussetzung für das Gelingen seelsorgerlicher Kommunikation ist die Fähigkeit zur Wahrnehmung. Gleiches gilt von der ethischen Beratung. Das Ziel des Gespräches ist die Übernahme von Verantwortung. Zur Verantwortungsübernahme aber kann es nur kommen, wo Verantwortung im doppelten Sinne des Wortes wahrgenommen wird, d.h. zunächst überhaupt als solche erkannt und dann als die eigene akzeptiert wird. D. Stollbergs auf die Seelsorge gemünzte Formel »Wahrnehmen und Annehmen«[68] gilt in abgewandelter Form auch für die Ethik. Dementsprechend brauchen wir heute *nicht nur eine pastoralpsychologische, sondern auch eine ethische Theorie der Wahrnehmung*.[69] Das aber heißt, daß die in der Seelsorge verlangte *hermeneutische* Kompetenz auch für Probleme der angewandten Ethik zu entwickeln ist.[70] Das schließt die Frage nach außermoralischen Motivationen unseres Handelns ein.
Im Zentrum einer ethischen Erkenntnis- oder Wahrnehmungstheorie aber steht die Frage nach dem moralischen Subjekt, auf das sich auch die Aufmerksamkeit der seelsorgerlichen Interaktion richtet. Hier kommt nun die spezifisch religiöse Dimension der Seelsorge ins Spiel, hat doch der Verantwortungsbegriff schon begriffsgeschichtlich einen theologischen Hintergrund.[71] Während eine allgemeine Ethik fragt, worin das Tun des Guten besteht, gibt der christliche Glaube eine spezifische Antwort auf die Frage, warum wir faktisch oftmals nicht tun, was wir als richtig und gut erkennen. Seine Antwort lautet hierauf einerseits, daß der Mensch Sünder ist, der sich seiner Bestimmung als verantwortlichem Handlungssubjekt in einer letztlich widersinnigen Weise verweigert, andererseits, daß ihm seine Sünde unverdienterweise vergeben wird. Gerade durch dieses Widerfahrnis, das die paulinische bzw. reformatorische Rechtfertigungslehre beschreibt, wird der konkrete Mensch als verantwortungsfähiges Subjekt neu konstituiert. Was das Konzept von Ethik als Theorie der menschlichen Lebensführung immer schon voraussetzt, nämlich das verantwortliche Subjekt, droht nicht nur gesamtgesellschaftlich zu entschwinden, sondern auch

lue/Moral Education. The Schools and the Teachers, New York/Ramsay/Toronto 1979, S. 145-165.

68 *D. Stollberg*, Wahrnehmen und Annehmen. Seelsorge in Theorie und Praxis, Gütersloh 1978.

69 Vgl. *J. Fischer*, Wahrnehmung als Aufgabe und Proprium christlicher Ethik, in: *ders.*, Glaube als Erkenntnis. Zum Wahrnehmungscharakter des christlichen Glaubens, München 1989, S. 91-118; *B. Harbeck-Pingel*, Ethische Wahrnehmung. Eine systematisch-theologische Skizze (Beiträge zur Theologie und Religionsphilosophie 2), Aachen 1998; U. Körtner, a.a.O. (Anm. 20). S. 76ff.

70 Zur hermeneutischen Grundlegung angewandter Ethik siehe auch *B. Irrgang*, Praktische Ethik aus hermeneutischer Perspektive (UTB 2020), Paderborn 1998.

71 Zum folgenden siehe ausführlich U. Körtner, a.a.O. (Anm. 20), S. 98ff (Kap. 4).

auf der individuellen Ebene des konkreten Menschen, der das seelsorgerliche Gespräch sucht. Zum moralfähigen Subjekt wird der Mensch aber nach christlicher Überzeugung nicht, indem er einfach mit der ethischen Forderung konfrontiert wird, sondern indem ihm konkret die Wirklichkeit von Rechtfertigung und Vergebung vermittelt wird. Hierbei geht es mitnichten um Entlastung von persönlicher Verantwortung oder Schuld, sondern im Gegenteil um die Befähigung zur Verantwortungsübernahme für vergangenes und künftiges Handeln, d.h. aber auch um die Bereitschaft zur Schuldübernahme, ohne welche es kein Handeln und keine Lebensführung geben kann. Ein solcher Prozeß der Subjektwerdung setzt nicht selten die Überwindung erheblicher Widerstände voraus. Die Aufgabe der Seelsorge ist es freilich nicht, solche Widerstände auf autoritäre Weise zu brechen, sondern ihnen geduldig und empathisch das eigene Vertrauen des Seelsorgers in die von ihm bezeugte Wirklichkeit der Vergebung entgegenzusetzen.

Indem christliche Seelsorge von der Rechtfertigungslehre her eine Wirklichkeit in Anspruch nimmt, durch die ein Mensch auf eine jenseits seiner eigenen Handlungsmöglichkeiten liegenden Weise neu zum moralischen Subjekt werden kann, transzendiert sie die Dimension des Ethischen. Sich selbst vor Gott auf neue Weise zu verstehen, ist eine Sache des Glaubens, nicht des Tuns. Überschritten wird die Ebene des Ethischen freilich auch durch den eschatologischen Horizont, in den sich christliche Seelsorge stellt. Im Unterschied zu Erlösungsangeboten, die in Teilen der heutigen Therapieszene verbreitet sind und eine Ganzheitlichkeit im Hier und Jetzt versprechen, die letztlich nur auf Kosten von Beziehungslosigkeit und struktureller Mitleidlosigkeit zu erzielen wäre, weiß christliche Seelsorge um die Fragmenthaftigkeit unseres Lebens und die Gebrochenheit unserer Lebensführung.[72] »Seelsorge ist stets Teilnahme an einer anderen Biographie«[73], welche notwendigerweise die Grenzen eines besonderen Amtes, seiner Funktionalität und Professionalität sprengt. Zum christlich motivierten Ethos des Seelsorgers gehört es, sich der Gebrochenheit einer fremden Biographie auszusetzen, die so – unbeschadet der Maxime distanzierter Nähe – als Beschädigung auch des eigenen Lebens erfahren wird. In Klage und Verzweiflung liegt, wie H. Luther zu bedenken gibt, unter Umständen »mehr ehrliche Hoffnung als in Beteuerung von Sinn und Lebensgewißheit.«[74] Wohl wahr: »Eine Seelsorge ohne Tränen dementiert den Trost, den sie verspricht.«[75] Zur Lebensführung im

[72] Siehe dazu *H. Luther*, Leben als Fragment, WzM 43, 1991, S. 262-273.
[73] D. Rössler, a.a.O. (Anm. 8), S. 215.
[74] H. Luther, a.a.O. (Anm. 32), S. 170.
[75] Ebd. Zum Begriff des Trostes siehe *Chr. Schneider-Harpprecht*, Trost in der Seelsorge, Stuttgart 1989.

christlichen Sinne gehört das Wissen darum, daß die Vollendung des Lebens, sein »Gelingen«, wie man heute gern sagt, die unser Handeln motivierende Hoffnung ist, ohne doch von uns selbst geleistet werden zu können. Sofern Ethik letzteres suggeriert, bleibt es allerdings die ureigene Aufgabe der Seelsorge, im Sinne der reformatorischen Unterscheidungen von Gesetz und Evangelium, Person und Werk, vor Moral zu warnen.[76]

[76] Vgl. auch die negative Funktionsbestimmung der Ethik bei *N. Luhmann*, Paradigm lost. Über die ethische Reflexion der Moral. Rede anläßlich der Verleihung des Hegel-Preises 1989 (stw 797), Frankfurt a.M. 1990, S. 41.

7 Von Mäusen und Menschen
Zur Auseinandersetzung mit utilitaristischen Ansätzen medizinischer Ethik

7.1 Speziezismuskritik und medizinische Ethik

»Es mag wohl stimmen, daß das Leben einer Person ein Philosophiestudium einschließen kann, während das bei einer Maus nicht möglich ist; aber die Freuden eines Mäuselebens sind alles, was eine Maus hat, und es ist anzunehmen, daß sie der Maus ebensoviel bedeuten wie die Freuden im Leben einer Person dieser Person bedeuten. Wir können nicht sagen, das eine sei mehr oder weniger wert als das andere. Urteilt man speziezistisch, wenn man sagt, das Leben eines normalen erwachsenen Mitglieds unserer Gattung sei wertvoller als das Leben einer normalen erwachsenen Maus?«[1]
Es ist der australische Philosoph Peter Singer, der sich diese selbstkritische Frage in seiner »Praktischen Ethik« stellt, welche in Deutschland und Österreich eine heftige Kontroverse über die Legitimität utilitaristischer Positionen in Fragen medizinischer Ethik ausgelöst hat.[2] Selbstkritisch ist die Frage deshalb, weil Singer zu jenen philosophischen Ethikern gehört, welche jeden sogenannten Speziezismus, das heißt einen an die Zugehörigkeit zur Gattung des Homo sapiens gebundenen anthropozentrischen ethischen Standpunkt überwinden

[1] *P. Singer*, Praktische Ethik. Aus dem Englischen übersetzt von J.-C. Wolf, Stuttgart 1990, S. 123. Auch im weiteren Text wird nach der ersten Auflage zitiert. Die zweite Auflage erschien 1994, die englische Originalausgabe erschien 1979 unter dem Titel »Practical Ethics« (Cambridge University Press).
[2] Siehe zum Beispiel *T. Bastian* (Hg.), Denken – Schreiben – Töten. Zur neuen »Euthanasie«-Diskussion, Stuttgart 1990; *R. Hegselmann/R. Merkel* (Hg.), Zur Debatte über Euthanasie. Beiträge und Stellungnahmen, Frankfurt a.M. 1991; *S. Jäger/J. Paul*, Von Menschen und Schweinen. Der Singer-Diskurs und seine Funktion für den Neo-Rassismus, Dortmund ²1991; *J. Stenzel*, Kein Recht auf Leben. Peter Singers Kritik des Lebensrechtes im Lichte der Philosophie Constantin Brunners, Essen 1993; *R. Schernus*, Die Ermordung eines Prinzips. Einige Gedanken zum Utilitarismus am Beispiel des Raskolnikoff und anderen, WzM 43, 1991, S. 273-288.

wollen. Utilitaristische Philosophen wie Singer verknüpfen daher Fragen medizinischer Ethik wie etwa der Abtreibung, der Embryonenforschung oder der Euthanasie mit denen des Tierschutzes und der Lebensrechte von Tieren. Wenn utilitaristische Ansätze medizinischer Ethik Mäuse und Menschen in einem Atemzug nennen, geht es ihnen nicht nur um die ethische Bewertung von Tierversuchen im Dienst der Humanmedizin, sondern auch um die Beurteilung des Wertes pränatalen oder schwerstbehinderten menschlichen Lebens.

Von Mäusen und Menschen handelt John Steinbecks bekanntes gleichnamiges Drama, das auf einer Farm im Süden Kaliforniens spielt.[3] Daß die Themenformulierung dieses Kapitels auf dieses Theaterstück anspielt, ist mehr als eine vordergründige Assoziation, kann es doch in gewissem Grade durchaus zur Veranschaulichung der Probleme dienen, welche die utilitaristische Speziezismuskritik aufwirft.

Die Hauptpersonen des Stückes sind die beiden Feldarbeiter George und Lennie, die davon träumen, irgendwann eigenes Land zu besitzen, auf welchem Lennie, ein gutmütiger, aber bärenstarker Kerl mit dem Hirn eines Spatzen, eine Kaninchenfarm einrichten möchte. Sein Freund George versucht Lennie vor sich selbst zu schützen. Seine Infantilität und Körperkraft bringen Lennie nämlich immer wieder in heikle Situationen und haben die beiden Landarbeiter schon mehrfach ihre Stellung gekostet. Lennie verspürt den unbezwingbaren Drang, zu allen kleinen Geschöpfen, seien es Mäuse oder Menschen, liebevoll und zärtlich zu sein, kann ihnen aber in seiner Triebhaftigkeit zugleich gefährlich werden. Unter tragischen Umständen tötet Lennie schließlich die Frau des Farmers, auf dessen Anwesen George und Lennie neue Arbeit gefunden haben. Um ihn vor der Lynchjustiz der Dorfbewohner zu retten, tötet George seinen Freund mit einem Schuß in den Kopf, in dem kaum ein anderer Gedanke Platz fand als der, kleine weiche Wesen zu streicheln.

Ist das Leben des schwachsinnigen Lennie wertvoller als das Leben einer normalen Maus, die von eben diesem Schwachsinnigen zu Tode gedrückt wird? Ist es unmoralisch, daß George seinen Freund Lennie tötet, um diesen ohnehin geistig zurückgebliebenen Menschen vor schwererem Leid zu bewahren?

Ist die Tötung einer ausgewachsenen Maus weniger verwerflich als die Abtreibung eines noch bewußtlosen Fötus? Sind medizinische Experimente an Ratten und Mäusen, gar an Hunden oder Primaten ethisch zu rechtfertigen, während Experimente an Menschen mit schwerwiegenden, unheilbaren Hirnschäden verboten sein sollen? Ha-

[3] Neben der Dramenfassung vgl. auch die zeitgleich veröffentlichte Romanversion. Siehe *J. Steinbeck*, Of Mice and Men, 1937/1965 (deutsche Übersetzung der Romanfassung: Von Mäusen und Menschen, übersetzt von E. Rotten, Wien 1993).

ben nicht, wie Peter Singer zu bedenken gibt, »selbst Mäuse und Ratten ein stärkeres Bewußtsein von dem, was mit ihnen geschieht«, sind sie nicht »schmerzempfindlicher usw. als viele hirngeschädigte Menschen, die in Krankenhäusern und anderen Institutionen lediglich dahinvegetieren«?[4]

Solche Fragen klingen schockierend und verletzen die Gefühle von Behinderten, Schwerstkranken und deren Angehörigen. Manche Kritiker Singers halten schon seine bloßen Fragen für moralisch verwerflich, ganz zu schweigen von den Antworten, welche Singer gibt.[5] Gegen öffentliche Auftritte Singers und seiner Mitarbeiterin Helga Kuhse in Deutschland und Österreich haben sie sich daher massiv und mit Erfolg zur Wehr gesetzt.[6] Nun kann man in der Tat fragen, ob die in jüngster Vergangenheit unternommenen Versuche, einen öffentlichen Diskurs über Singers Ethik oder verwandte Positionen zu erzwingen, glücklich und den zu diskutierenden Sachfragen medizinischer Ethik angemessen waren. Die von Singer repräsentierte Tradition utilitaristischer Ethik ist freilich zu gewichtig und zugleich viel pluraler, als daß man sich die Auseinandersetzung mit ihr ersparen könnte.[7] Moralische Entrüstung aber ersetzt keine ethischen Argumente. Auch ist zu bedenken, daß einerseits Singer unter Vertretern einer utilitaristischen Ethik keineswegs ungeteilte Zustimmung findet, daß andererseits Vertreter einer nichtutilitaristischen Ethik Konfliktfälle anerkennen, in denen sich das Problem einer Güterabwägung stellt, welche unter Umständen zu denselben Entscheidungen führt, zu denen ein im Sinne Singers argumentierender Utilitarist gelangen kann. Eben darum halte ich eine differenzierte Auseinandersetzung mit utilitaristischen Ansätzen medizinischer Ethik für unumgänglich. Erschwert wird die Diskussion freilich nicht nur durch das gereizte Klima in der Öffentlichkeit, sondern auch durch den gegenwärtigen Zustand des Utilitarismus, den Anton Leist, was seine theoretische Geschlossenheit betrifft, mit Recht als chaotisch bezeichnet.[8]

Im folgenden werden wir uns vor allem mit der utilitaristischen Kritik an dem von ihr so genannten Speziezismus und ihren Konsequenzen für die medizinische Ethik befassen und einige theologische Gesichts-

[4] P. Singer a.a.O. (Anm. 1), S. 84.

[5] Siehe z.B. *R. Spaemann*, Geleitwort, in: T. Bastian (Hg.), a.a.O. (Anm. 2), S. 7f.

[6] Zum Verlauf der öffentlichen Diskussion in Deutschland und Österreich siehe die Berichte »Behinderte gegen Philosophen. Bericht über die Singer-Affäre«, Information Philosophie 18, 1990, H. 4, S. 18-32: »Österreich. Euthanasiedebatte«, Information Philosophie 19, 1991, H. 3, S. 63-70.

[7] In Anbetracht der voranschreitenden ökonomischen, politischen und legislativen Integration Europas hat dieser Sachverhalt politisches Gewicht. Man denke nur an die multilaterale Harmonisierung der Gesetzgebung im Bereich der Genforschung.

[8] *A. Leist*, Der Hase und die Jagdhunde. Richard Hares Moralphilosophie, PhR 38, 1991, S. 143-150, hier S. 150.

punkte geltend machen. Zunächst werde ich Singers Kritik am Speziezismus und seinen Ansatz einer medizinischen Ethik darstellen (7.2). Anschließend gehe ich auf die Diskussion der Thesen Singers innerhalb des Utilitarismus (7.3) sowie innerhalb der nichtutilitaristischen Diskursethik (7.4) ein. Im fünften Abschnitt nehme ich zur theologischen Kritik an utilitaristischen Ansätzen medizinischer Ethik Stellung (7.5). Zum Abschluß des Kapitels werden Erwägungen über das Verhältnis von theologischer Ethik und Güterabwägung angestellt (7.6).

7.2 Speziezismuskritik und utilitaristische Ethik bei Peter Singer

Singers Ansatz medizinischer Ethik fällt mit demjenigen seiner Tierethik zusammen. Wenn Singer die Fragen medizinischer Ethik mit denjenigen der Lebensrechte von Tieren verknüpft, so geschieht dies in der Absicht, »den Status der Tiere zu heben, nicht aber, den der Menschen zu senken«[9].

Was Menschen und Tiere nach Singer miteinander verbindet – und beide gemeinsam von den Pflanzen unterscheidet[10] –, ist die mit dem zentralen Nervensystem gegebene Fähigkeit, Schmerzen empfinden und somit leiden zu können. Wie nach dem klassischen Grundsatz des Utilitarismus die Aufgabe moralischen, mithin auch medizinischen Handelns, positiv darin besteht, das größtmögliche Glück der größtmöglichen Zahl von Individuen zu ermöglichen, so besteht sie, negativ formuliert, darin, Leiden in größtmöglichem Umfang zu verhindern oder zu vermindern.

Schon Jeremy Bentham hat die Fähigkeit zu leiden für das entscheidende Kriterium gehalten, im Widerspruch zur cartesianischen Tradition auch den Umgang mit Tieren zum Gegenstand ethischer Reflexion zu machen.[11] Nach Bentham ist die Leidensfähigkeit, welche die Fähigkeit sich zu freuen impliziert, die entscheidende Voraussetzung dafür, daß ein Lebewesen Interessen haben kann. Die Aufgabe der Ethik aber besteht nach allgemeiner utilitaristischer Auffassung darin, eine Theorie zu entwerfen, die es ermöglicht, in den unterschiedlichsten Lebenslagen für einen gerechten Ausgleich von Interessen zu

[9] P. Singer, a.a.O. (Anm. 1), S. 96.

[10] A.a.O. (Anm. 1), S. 125ff. Zu Recht weist *W.E. Müller*, Rationalist der aktiven Euthanasie. Peter Singers Programm einer »Praktischen Ethik«, LM 30, 1991, S. 30-36, hier S. 32, darauf hin, daß Singer mit seiner Trennung zwischen vegetativem und nicht vegetativem Leben »keine Sensibilität für die allgemeine Problematik der Ökologie zeigt, wenn man seinen Satz wirklich so verallgemeinert versteht, wie er geschrieben ist«.

[11] Vgl. *J. Bentham*, Introduction to the Principles of Morals and Legislation (1789), ed. by. J.H. Burns and H.L.A. Hart, London 1970, Kapitel 18, Abschnitt 1.

sorgen. Gerechtigkeit als grundlegendes moralisches Prinzip besteht nach utilitaristischer Auffassung im Prinzip der gleichen Erwägung von Interessen. Singer präzisiert nun: »Interesse ist Interesse, wessen Interesse es auch immer sein mag.«[12] Hieraus folgt: »Das Prinzip der gleichen Interessenerwägung verbietet es, unsere Bereitschaft, die Interessen anderer Personen zu erwägen, von ihren Fähigkeiten oder anderen Merkmalen abhängig zu machen, außer dem einen, daß sie Interessen haben.«[13]

Wird dieser Grundsatz anerkannt, so ist nach Singer nicht nur jedem Rassismus oder Sexismus, sondern auch jedem Speziezismus eine klare Absage zu erteilen, weil sie alle das Prinzip der gleichen Interessenerwägung willkürlich einschränken und somit eine moralisch nicht zu rechtfertigende Form der Diskriminierung darstellen.[14] Nach welchen Kriterien Interessen im Einzelfall gegeneinander abzuwägen sind, ist eine gesonderte Frage. Zunächst aber gilt nach Singer, daß »die Zugehörigkeit eines Wesens zur Spezies Homo sapiens keine bessere Behandlung rechtfertigt, als sie einem Wesen zuteil wird, das zwar einer anderen Spezies angehört, jedoch ein ähnliches geistiges Niveau erreicht«[15]. Aus der prinzipiellen Gleichheit menschlicher und tierischer Interessen zieht Singer freilich auch den für die medizinische Ethik folgenreichen Umkehrschluß, »daß die Zugehörigkeit zur Spezies Homo sapiens auch keine *schlechtere* Behandlung rechtfertigt, als sie dem Mitglied einer anderen Spezies zuviel wird«[16].

Für die medizinische Ethik folgt hieraus, daß zwischen humanmedizinischen und veterinärmedizinischen Problemen ethisch kein prinzipieller Unterschied besteht. »Nur unser unangebrachter Respekt vor der Lehre von der Heiligkeit menschlichen Lebens hindert uns« nach Singer »daran zu erkennen, daß das, was bei einem Pferd offensichtlich falsch ist, ebenso falsch ist, wenn wir es mit einem behinderten Säugling zu tun haben«[17]. Respekt aber verdient die religiös motivierte, in unserem Kulturkreis vom Christentum vertretene Lehre von der Heiligkeit des Lebens nach Singer schon deshalb nicht, weil es sich bei ihr um eine gedanklich unausgewiesene subjektive Überzeugung handelt, deren religiöse Grundlagen nicht mehr allgemein anerkannt werden.[18]

Doch auch der in der theologischen wie in der philosophischen Tradition verwendete Begriff der Person rechtfertigt nach Singer keine qualitative und ethisch belangvolle Differenz zwischen Mensch und

[12] P. Singer, a.a.O. (Anm. 1), S. 33.
[13] A.a.O. (Anm. 1), S. 34.
[14] Vgl. a.a.O. (Anm. 1), S. 70ff.
[15] A.a.O. (Anm. 1), S. 208.
[16] Ebd.
[17] A.a.O. (Anm. 1), S. 209.
[18] Vgl. a.a.O. (Anm. 1), S. 108.

Tier. Nach Singers Überzeugung ist nämlich der Personbegriff neu zu fassen, derart, daß zwischen der Menge möglicher Personen und derjenigen aller Angehörigen der Gattung Homo sapiens zu unterscheiden ist.[19] Singer definiert den Personbegriff »in der Bedeutung eines rationalen und selbstbewußten Wesens«[20], so daß er einerseits keineswegs auf alle Mitglieder der menschlichen Gattung in allen Lebensstadien zutrifft, andererseits aber auch auf Tiere angewandt werden kann. Insbesondere lehnt es Singer ab, den Personbegriff auf menschliche Föten oder Neugeborene anzuwenden, und wendet sich gegen das zum Beispiel in der Abtreibungsdebatte gebrauchte Argument, Föten seien als potentielle Personen erwachsenen Personen im Prinzip gleichzusetzen und genössen daher das Recht auf Unversehrtheit des Lebens. Singer kann in diesem Argument nichts anderes als eine Variante des von ihm kritisierten Speziezismus erkennen.
Nicht die Gattungszugehörigkeit, sondern die auf Mensch und Tier in gleicher Weise angewandte Unterscheidung zwischen bewußtem und nicht-bewußtem Leben ist für Singer ethisch relevant[21]. Sie nämlich liefert ein wichtiges Kriterium für ethische Entscheidungen, welche nach Singer nichts anderes als Werturteile sind. Viele ethische Fragen im Bereich der Medizin bestehen nach Singer darin, verschiedene Lebensformen und -zustände auf ihren Wert hin zu befragen und gegeneinander abzuwägen. Singers Wertbegriff führt nicht nur zur Ablehnung der Lehre von der besonderen Heiligkeit menschlichen Lebens, sondern auch zur Kritik an der Lehre Albert Schweitzers von der ausnahmslosen und unterschiedslosen Heiligkeit sämtlicher Lebensformen – einschließlich der pflanzlichen! –, obwohl doch auch Schweitzers Anliegen die Überwindung einer anthropozentrischen Verengung der Ethik war.[22]
Singer erklärt nun die Quantität des Lebenswertes zum Maßstab ethischer Urteilsbildung. Wie aber läßt sich eine Ethik begründen, welche es gestattet, nicht nur zwischen lebenswertem und lebensunwertem Leben zu unterscheiden, sondern auch den Lebenswert zu quantifizieren? Und wie läßt sich im Einzelfall der Lebenswert eines Menschen gegen den eines anderen oder gar denjenigen eines Tieres, der Wert eines gesunden gegen den eines kranken oder behinderten Menschen abwägen? Wie läßt sich der Lebenswert eines Mäuselebens mit demjenigen eines Regenwurms oder auch eines menschlichen Fötus verrechnen? Singer sieht die Begründungsproblematik der utilitaristi-

[19] Vgl. a.a.O. (Anm. 1), S. 105ff.
[20] A.a.O. (Anm. 1), S. 106. Notabene: Singer entnimmt diese Definition – dem Oxford Dictionary!
[21] Vgl. a.a.O. (Anm. 1), S. 117-128.
[22] Vgl. a.a.O. (Anm. 1), S. 125ff. Zu Einwänden gegen Singers Kritik an der Idee der Heiligkeit des Lebens siehe auch *M. u. R. Zimmermann*, Die ›Heiligkeit des Lebens‹ in der Medizin. Eine Entgegnung, ZEE 41, 1997, S. 217-227.

schen Güterabwägung am besten im sogenannten Präferenzutilitarismus gelöst, der neben dem klassischen Handlungsutilitarismus und dem jüngeren Regelutilitarismus eine eigenständige Variante des utilitaristischen Grundgedankens ist[23]. Diese Version des Utilitarismus »beurteilt Handlungen nicht nach ihrer Tendenz zur Maximierung von Lust und Minimierung von Leid, sondern nach dem Grad, in dem sie mit den Präferenzen der von Handlungen oder ihren Konsequenzen betroffenen Wesen übereinstimmt«[24]. Im ethischen Entscheidungs- oder Konfliktfall versucht der Präferenzutilitarismus also, die Interessen einer Person im Singerschen Sinne oder überhaupt eines Lebewesens als das zu bestimmen, was dieses, bei Abwägung aller relevanten Fakten, vorzieht oder vermutlich vorziehen würde, wenn es in der Lage wäre, selbst zu entscheiden. Im Fall von Personen, die nicht oder noch nicht auskunftsfähig sind, wie im Fall von niederen oder noch unreifen Lebensformen – zum Beispiel bei einem menschlichen Embryo – muß sich der Präferenzutilitarist divinatorisch in das fremde, von seinen eigenen Handlungen betroffene, Leben hineinzuversetzen versuchen, um sich in der Phantasie auszumalen, was man selbst anstelle dieses anderen Lebens in einer bestimmten Situation wollen würde.[25]

Die praktischen Konsequenzen dieses ethischen Ansatzes für das ärztliche Handeln und medizinische Konfliktfälle können hier nicht im einzelnen beschrieben und diskutiert werden. Wir müssen uns mit der Feststellung begnügen, daß Singer nicht nur grundsätzlich einer liberalen Abtreibungspraxis das Wort redet, sondern sogar die gezielte Tötung schwerstbehinderter Neugeborener unter bestimmten Voraussetzungen für ethisch gerechtfertigt hält und sich ferner für die Legalisierung eines geordneten Verfahrens zur freiwilligen wie zur nichtfreiwilligen Euthanasie einsetzt[26], dabei aber die Grenze zur unfreiwilligen Euthanasie aufrechtzuerhalten versucht[27]. Es gilt zu beachten, daß Singers grundsätzliche Befürwortung der aktiven Euthanasie die Kehrseite seiner Tierschutzethik und praktische Konsequenz seiner

[23] Zur Geschichte und Ausdifferenzierung des Utilitarismus siehe *O. Höffe* (Hg.), Einführung in die utilitaristische Ethik. Klassische und zeitgenössische Texte, München 1975.

[24] Vgl. P. Singer, a.a.O. (Anm. 1), S. 112.

[25] Vgl. a.a.O. (Anm. 1), S. 122ff.

[26] Vgl. a.a.O. (Anm. 1), S. 126ff. 147ff. Siehe auch *P. Singer/H. Kuhse*, »Should the baby live?« The Problem of Handicapped Infants, Oxford/New York/Melbourne 1985.

[27] Vgl. P. Singer, a.a.O. (Anm. 1), S. 199. Den Vorwurf, mit seinen Vorschlägen die schiefe Ebene zu betreten, auf welcher man unweigerlich von der aktiven Euthanasie in den Völkermord abrutscht, möchte Singer ebenso zurückweisen wie die Kritik, welche ihn in die Nähe der nationalsozialistischen Rassenhygiene rückt, wobei er seinerseits den Humanismus seiner Kritiker der Heuchelei bezichtigt. Vgl. a.a.O. (Anm. 1), S. 209ff.

Speziezismuskritik ist. Wenn ein Mensch nicht unbedingt besser, aber auch nicht schlechter als ein Tier behandelt werden darf, erscheint die passive Euthanasie unter Umständen inhumaner als die Notschlachtung eines Nutztieres.[28]

Singers Ansatz einer medizinischen Ethik hat in manchen Kreisen Befürchtungen und Empörung ausgelöst. Auch nach meinem Dafürhalten fordert er zur Kritik heraus. Die Kritik an Singers Praktischer Ethik schießt aber über das Ziel hinaus, wenn sie sich zu ungeprüften negativen Pauschalurteilen über den Utilitarismus schlechthin versteigt und sich eine differenzierte Auseinandersetzung mit dessen pluralen und durchaus divergierenden Ansätzen glaubt ersparen zu können. Es besteht die Gefahr, daß sich eine nichtutilitaristische Kritik unter dem Vorwand des Humanismus gegen berechtigte Anfragen einer utilitaristischen Ethik zu immunisieren versucht. Im folgenden Abschnitt soll daher exemplarisch gezeigt werden, daß Singers Ansatz und Schlußfolgerungen selbst unter utilitaristisch argumentierenden Philosophen keineswegs unumstritten sind.

7.3 Utilitaristische Anfragen an Singer

Anders als im angelsächsischen Raum spielt der Utilitarismus in der kontinentaleuropäischen Tradition philosophischer Ethik eine untergeordnete Rolle. Unter den zeitgenössischen deutschsprachigen Philosophinnen und Philosophen können aber zum Beispiel Jean-Claude Wolf, der Übersetzer von Singers »Praktischer Ethik«, Norbert Hoerster, Georg Meggle, Ursula Wolf oder Anton Leist als Vertreter einer utilitaristischen Ethik gelten. Sie teilen die utilitaristische Speziezismuskritik, folgen aber nicht alle in gleicher Weise den medizinethischen Entscheidungen Singers.[29]

Beispielhaft sei dies an A. Leists »Ethik der Abtreibung« gezeigt.[30] Wie Singer unterzieht auch Leist das Speziesargument einer philosophischen Kritik, gelangt aber dennoch zu anderen Schlußfolgerungen als Singer. Für nicht stichhaltig hält Leist das gegen die Zulässigkeit

[28] Vgl. a.a.O. (Anm. 1), S. 209.

[29] Siehe u. a. *N. Hoerster*, Moralbegründung ohne Metaphysik, Erkenntnis 19, 1983, S. 225-238; *ders.*, Abtreibung im säkularen Staat. Argumente gegen den §218, Frankfurt a.M. 1991; *ders.*, Tötungsverbot und Sterbehilfe, in: *H.-M. Sass* (Hg.), Medizin und Ethik, Stuttgart 1989, S. 287-295; *U. Wolf*, Das Tier in der Moral, Frankfurt 1990; *J.-C. Wolf*, Tierethik. Neue Perspektiven für Menschen und Tiere, Freiburg (Schweiz) 1992; *A. Leist* (Hg.), Um Leben und Tod. Moralische Probleme bei Abtreibung, künstlicher Befruchtung, Euthanasie und Selbstmord, Frankfurt a.M. 1990.

[30] *A. Leist*, Eine Frage des Lebens. Ethik der Abtreibung und künstlichen Befruchtung, Frankfurt a.M./New York 1990.

von Abtreibungen vor allem von Theologen vorgebrachte Identitätsargument, wonach die befruchtete Eizelle mit dem später erwachsenen Menschen identisch sei.[31] Auch das Potentialitätsargument, wonach der Fötus als potentieller Zustand dem aktuellen Endzustand der Entwicklung des menschlichen Individuums moralisch gleichzustellen sei, verwickelt sich nach Leist in gedankliche Widersprüche oder wird von seinen Vertretern nicht stringent gehandhabt.[32] Leist unterzieht aber auch den am Begriff des Interesses orientierten Präferenzutilitarismus Singers einer Kritik.[33]

In der Entwicklung von Föten sieht Leist zwei ethisch relevante Randpunkte gegeben, zwischen denen sich die Voraussetzung herausbildet, eigene Lebensinteressen haben zu können, nämlich einen Zeitpunkt der Entwicklung von schwächstmöglichen Voraussetzungen und einen der stärkstmöglichen. Die schwächstmögliche Voraussetzung individueller Lebensinteressen ist nach Leist, daß ein Fötus überhaupt empfindungsfähig ist. Dieser Zeitpunkt ist etwa mit dem vierten Lebensmonat gegeben.[34] Die stärkstmögliche Voraussetzung für individuelle Lebensinteressen besteht hingegen »in irgendeiner Fähigkeit, selbstbewußt oder zeitlich zu denken«[35]. Leist kritisiert nun, daß Singer oder auch N. Hoerster im Anschluß an Michael Tooley[36] unbegründeterweise die stärkstmögliche Voraussetzung für Lebensinteressen zum ethischen Kriterium in der Abtreibungsfrage machen[37]. Leist dagegen plädiert für eine paternalistische oder advokatorische Zuschreibung von Lebensinteressen.[38] Eine solche Argumentation setzt bei der schwächstmöglichen Voraussetzung von Lebensinteressen an und führt den Gedanken der Fürsorgepflicht beziehungsweise den Anwaltsgedanken in die utilitaristische Ethik ein. Konkret heißt dies, »daß vor dem Verfügen von Empfindungsfähigkeit Abtreibungen, soweit es den Fötus betrifft, unbedenklich sind, alle danach dem Töten eines Erwachsenen gleichgestellt werden müssen«[39].

Dem Beispiel der Abtreibung kommt in der Auseinandersetzung mit Singer grundsätzliche Bedeutung zu, weil es auch für das Euthanasieproblem gedankliche Implikationen hat. Während Singer die ethische Urteilsbildung als unparteiisches Abwägen von Lebensinteressen ver-

[31] Vgl. dazu auch *A. Leist*, Ethik der Abtreibung. Ein Überblick, ZPhF 45, 1991, S. 371-390.
[32] Vgl. a.a.O. (Anm. 31), S. 378ff.
[33] A.a.O. (Anm. 31), S. 382ff.
[34] Vgl. a.a.O. (Anm. 31), S. 384f.
[35] A.a.O. (Anm. 31), S. 384.
[36] Siehe *M. Tooley*, Abtreibung und Kindstötung (1972), dt. in: A. Leist (Hg.), a.a.O. (Anm. 29), S. 157-195.
[37] Vgl. A. Leist, a.a.O. (Anm. 31), S. 385ff.; ders., a.a.O. (Anm. 30), S. 145ff.
[38] A.a.O. (Anm. 31), S. 386.
[39] A.a.O. (Anm. 31), S. 387.

steht, ist Leist der Überzeugung, daß auch eine utilitaristische Ethik wie andere ethische Theorien sich zu der Auffassung bekennen sollte, »daß die Moral auch dem Schutz von Interessen dient, wenn nicht sogar zu der stärkeren, daß eine solche Ausrichtung der Moral als fundamentaler Zweck zugrunde liegt«[40]. Leist ist sich allerdings bewußt, daß seine utilitaristische Argumentationsweise in der Abtreibungsfrage indirekt auf die kognitiven Fähigkeiten von erwachsenen Menschen bezugnimmt und damit die von Singer vorgetragene Speziezismuskritik, welche ja zwischen Menschen und Tieren keinen moralisch prinzipiellen Unterschied gelten läßt, zumindest problematisiert.[41]

7.4 Utilitarismus und Diskursethik

Während A. Leist den utilitaristischen Ansatz einer medizinischen Ethik anhand der Abtreibungsproblematik entscheidend in Richtung einer Verantwortungsethik modifiziert, setzt sich Dietrich Böhler als Vertreter der sogenannten Diskursethik mit Singers Praktischer Philosophie am Beispiel des Euthanasieproblems auseinander. Wie der Utilitarismus operiert auch die Diskursethik mit dem Begriff des Interesses. Doch ist die Diskursethik »einerseits eine Ethik, die das Verfolgen von Interesse normiert und einschränkt, indem sie nach Unverfügbarem fragt, das rational einsehbar ist und unbedingt verpflichtet. Andererseits geht sie aus von der Abhängigkeit konkreter Orientierungen und Verpflichtungen von geschichtlichen Interessenkonstellationen und kulturell-lebensweltlichen Zusammenhängen.«[42]
Während Singers Modell ethischer Urteilsbildung am handelnden Individuum orientiert ist, ist nach Auffassung der Diskursethik der Ort ethischer Urteilsbildung allein der intersubjektiv zu führende »argumentative Diskurs – und nichts sonst«[43]. Nach Böhler gilt nämlich: »Ohne intersubjektive verantwortungsethische Kriterien könnte zwischen (berechtigter oder auch nur situativ verständlicher) Gewissensentscheidung und purer Durchsetzung von (Gruppen-) Interessen nicht unterschieden werden.«[44]
Gegen Singers utilitaristischen Ansatz einer praktischen Ethik wendet Böhler ein, daß schon der Begriff der Moral dialogische Implikationen enthält, Moral also das Vorhandensein diskursfähiger, nicht etwa nur

[40] A.a.O. (Anm. 31), S. 389. Vgl. auch ders., a.a.O. (Anm. 30), S. 149ff.
[41] A.a.O. (Anm. 31), S. 389.
[42] *D. Böhler*, Menschenwürde und Menschentötung. Über Diskursethik und utilitaristische Ethik, ZEE 35, 1991, S. 166-186, hier S. 166.
[43] A.a.O. (Anm. 42), S. 167. Zum Ansatz der Diskursethik siehe auch *K.-O. Apel*, Diskurs und Verantwortung. Das Problem des Übergangs zur postkonventionellen Moral, Frankfurt a.M. 1988.
[44] D. Böhler, a.a.O. (Anm. 42), S. 169.

interessenfähiger, Individuen voraussetzt, damit aber einen an der Menschenwürde orientierten Personbegriff impliziert, wie ihn Singer gerade ablehnt. Als intersubjektiver Begriff schließt der Personbegriff denjenigen der Verantwortung ein. Entsprechend ist Diskursethik nur als Verantwortungsethik zu begründen und zu entfalten.[45] Während ein utilitaristischer Konsequentialismus der Interessen lediglich danach fragt, wie man die vorhandenen Bedürfnisse der Betroffenen bestmöglich befriedigen kann, konfrontiert die Diskursethik die im Spiel befindlichen Interessen und Lebensbedingungen mit der grundlegenden Norm der kommunikativen Verallgemeinerbarkeit moralischer Entscheidungen. Im verantwortungsethischen Diskurs haben daher nur solche Interessen Anspruch berücksichtigt zu werden, die sich auf elementare universalisierbare Pflichten zurückführen lassen.[46]
In der Frage der aktiven Euthanasie lautet nun der Grundsatz Böhlers: »Was einem *Staat* nicht erlaubt sein darf, weil er keine moralische Person sein kann [...], das sollte doch *Personen* als Gewissenssubjekten in Verzweiflungssituationen nicht durch eine Rechtsnorm verboten sein: nämlich Handlungen/Unterlassungen an den Grenzen oder nötigenfalls jenseits der Grenzen des eigentlich Gebotenen, des moralischen Sollens.«[47]
Ebensowenig wie die Abtreibungsproblematik können hier das Euthanasieproblem und die von Böhler im einzelnen vorgebrachten Argumente weiter diskutiert werden. Böhlers Aufsatz zur Euthanasiefrage wurde lediglich deshalb herangezogen, weil er zwischen Singers Utilitarismus und dem Ansatz der Diskursethik »einerseits die Differenz im Prinzipiellen, andererseits eine gewisse Konvergenz in der Situationsbeurteilung« zeigt[48]. Umgekehrt konnten wir im vorigen Abschnitt bei A. Leist eine Konvergenz im Prinzipiellen, dafür jedoch eine Divergenz in der materialethischen Behandlung der Abtreibungsfrage feststellen. Beide Beobachtungen zeigen, wie notwendig eine differenzierte Auseinandersetzung mit utilitaristischen Ansätzen medizinischer Ethik ist. In den beiden folgenden Abschnitten sollen hierzu einige theologische Gesichtspunkte beigetragen werden.

7.5 Zur theologischen Kritik des Utilitarismus

Zwischen christlicher Theologie und utilitaristischer Ethik scheint sich ein ernsthaftes Gespräch zu erübrigen. Die utilitaristische Speziezismuskritik und die christliche Lehre von der in der Gottebenbildlich-

[45] Vgl. a.a.O. (Anm. 42), S. 170ff.
[46] Vgl. a.a.O. (Anm. 42), S. 178.
[47] A.a.O. (Anm. 42), S. 179.
[48] A.a.O. (Anm. 42), S. 180.

keit begründeten Würde des Menschen beziehungsweise von der in seiner Geschöpflichkeit begründeten Heiligkeit alles Lebens stehen einander, so scheint es, unversöhnlich gegenüber. Singer beispielsweise weist die christliche Auffassung von der Unantastbarkeit der Menschenwürde ebenso zurück wie Albert Schweitzers Lehre von der Ehrfurcht vor dem Leben, welche zwar, wie wir schon sahen, genauso wie der Utilitarismus den Speziezismus herkömmlicher Moral ablehnt, gleichwohl der Ethik ein religiöses Fundament gibt.[49] Umgekehrt hält es zum Beispiel der evangelische Theologe Hans Grewel nicht nur für überflüssig, sondern sogar für schädlich, sich mit der Ethik Singers auf einen ernsthaften Diskurs einzulassen. Für Grewel »macht es wenig Sinn, gegen einzelne Folgerungen und Wertungen einer utilitaristischen Ethik zu protestieren und zu polemisieren, solange wir nicht den Fehler im Ansatz dieses Denkens klar bezeichnen und eine plausible Alternative aufzeigen können«[50]. Diese aber besteht bei Grewel darin, daß die Ethik Albert Schweitzers affirmativ rekapituliert wird, ohne daß Grewel auf Singers Kritik an Schweitzer einginge.[51]

Dabei sind es nicht nur Utilitaristen wie Singer, welche auf Schwächen in der ethischen Argumentation Schweitzers hinweisen.[52] Schweitzer hat eine »absolute Ethik« formuliert, welche jede Tötung oder Beeinträchtigung von Leben ohne Einschränkung für verwerflich erklärt, obwohl er andererseits weiß, daß kein Lebewesen, mithin auch kein Mensch, ohne Nahrungsaufnahme und schon allein deshalb nicht existieren kann, ohne anderes Leben zu zerstören[53]. Auch Grewel weist aus diesem Dilemma keinen Ausweg.[54] Ihm wie Schweitzer ist darum zu entgegnen, daß auch eine religiöse Sicht des Lebens wie speziell des Menschen uns in ethischen Konfliktfällen nicht der Notwendigkeit enthebt, eine Güterabwägung vorzunehmen und dafür

[49] Vgl. P. Singer, a.a.O. (Anm. 1), S. 108.

[50] *H. Grewel*, Recht auf Leben. Drängende Fragen christlicher Ethik, Göttingen 1990, S. 29.

[51] Vgl. a.a.O. (Anm. 52), S. 29ff. Siehe dagegen neben dem in Anm. 10 genannten Aufsatz von W.E. Müller die im Resultat nicht immer kritische, jedoch differenzierte philosophisch-theologische Analyse der Ethik Singers bei *F. Wagner*, Behinderte Neugeborene – Leben, das zu leben sich nicht lohnt? Zur Auseinandersetzung mit dem Präferenz-Utilitarismus von Peter Singer, ThPr 28, 1993, S. 49-59.

[52] Siehe hierzu u. a. *H. Groos*, Albert Schweitzer. Größe und Grenzen. Eine kritische Würdigung des Forschers und Denkers, München 1974, bes. S. 519ff. Vgl. auch *U. Körtner*, Ehrfurcht vor dem Leben – Verantwortung für das Leben. Bedeutung und Problematik der Ethik Albert Schweitzers, ZThK 85, 1988, S. 329-348, bes. S. 343f.

[53] *A. Schweitzer*, Kultur und Ethik, Sonderausgabe München 1960, S. 338ff. 346ff.

[54] Vgl. H. Grewel, a.a.O. (Anm. 50), S. 32.

ethische Kriterien zu entwickeln. Wir werden auf dieses Problem im Schlußabschnitt gesondert eingehen.

Wer am Utilitarismus theologische Kritik üben will, muß zunächst eingestehen, daß der Glaube an die besondere, im Gottesverhältnis begründete Dignität menschlichen Lebens keineswegs eine Vorentscheidung in allen Konfliktfragen ärztlichen Handelns, zum Beispiel am Beginn oder am Ende menschlichen Lebens impliziert. Auch wenn man Georg Meggles Ansichten über die Legalisierung aktiver Euthanasie widersprechen möchte, ist doch zuzugeben, daß die christliche Lehre von der Heiligkeit menschlichen Lebens allein noch kein zwingendes Argument gegen jede Euthanasie ist. Wenn nämlich jedes menschliche Leben einen unendlichen Wert besitzt, weil es einen ewigen Ursprung und ein ewiges Ziel hat, dann spielt es, wie Meggle gegen die theologische Ablehnung der aktiven Euthanasie einwendet, in der Tat keine Rolle, wie lange das Leben währt.[55] Damit ist nicht gesagt, daß es keine guten Argumente gegen die Legalisierung der aktiven Euthanasie gibt. Aber der theologische Verweis auf die Heiligkeit menschlichen Lebens ist allein noch keine zureichende Begründung einer möglichen Kritik. Denn die herkömmliche Lehre des Christentums vom gerechten Krieg oder auch die traditionelle kirchliche Akzeptanz der Todesstrafe beweisen, daß die christliche Theologie unbeschadet der Lehre von der Gottebenbildlichkeit immer schon Fälle anerkannt hat, in welchen die gewaltsame Beendigung menschlichen Lebens moralisch gerechtfertigt erschien.

Faktisch hat der Mensch von jeher in die Bereiche von Geburt und Tod eingegriffen. Mit dem medizinischen Fortschritt ist ihm in diesen Bereichen eine Verantwortung zugewachsen, aus der er sich nicht davonstehlen kann, auch nicht durch den Hinweis auf christliche Grundwahrheiten. Die Einsicht in die mit Geburt und Tod charakterisierte Grundpassivität des menschlichen Lebens[56] darf nicht dazu führen, die Verantwortung Gott zuzuschieben, wo sie, und zwar auch nach theologischer Einsicht, uns selbst aufgetragen ist. Wir haben vielmehr zu fragen, wie gerade aus der Einsicht in den Geschenkcharakter des Lebens verantwortlich mit den heutigen medizinischen und sonstigen Möglichkeiten umzugehen ist. Hierüber aber muß mit einem Utilitaristen wie Singer der Streit geführt werden, indem nicht nur materialethische Einzelentscheide und seine Argumentationsweise[57], sondern auch der für seinen Ansatz grundlegende Begriff des Speziezismus einer Kritik unterzogen werden.

[55] *G. Meggle*, zitiert nach Information Philosophie 19, 1991, H. 3, S. 64.

[56] Zum theologischen Begriff der Grundpassivität vgl. *E. Jüngel*, Tod, Gütersloh ^{2}1983, S. 116; *G. Ebeling*, Luther. Einführung in sein Denken, Tübingen ^{4}1981, S. 177.

[57] Vgl. auch W.E. Müller, a.a.O. (Anm. 10), S. 34ff.

Es ist ersichtlich, daß sich Singer mit der von ihm als speziezistisch apostrophierten christlichen Anthropologie nur sehr oberflächlich beschäftigt hat. Flüchtig wird die traditionelle Lehre von der Unsterblichkeit der menschlichen Seele gestreift, ohne ihre theologische Kritik in der Neuzeit zu berücksichtigen. Die Mühe, sich mit der biblischen Lehre von der Gottebenbildlichkeit und ihrer von der platonisch beeinflußten Unsterblichkeitslehre zu unterscheidenden Bedeutung eingehender auseinanderzusetzen, glaubt Singer sich und seinen Lesern ersparen zu können.[58]

Vor allem aber resultiert der utilitaristische Vorwurf des Speziezismus aus einer Verkennung der ethischen Grundsituation. Es entspricht der allgemeinen utilitaristischen Anschauung, daß das Subjekt moralischer Urteile die Rolle eines unbeteiligten, aber wohlwollenden Zuschauers einnimmt. Schon J.S. Mill hat die Maxime formuliert: »Der Utilitarismus fordert von jedem Handelnden, zwischen seinem eigenen Glück und dem der anderen mit ebenso strenger Unparteilichkeit zu entscheiden wie ein unbeteiligter und wohlwollender Zuschauer.«[59] Die Denkfigur des unparteiischen Zuschauers findet sich übrigens auch bei Adam Smith[60]. In J. Rawls Theorie der Gerechtigkeit verbindet sich mit ihr das aus dem Sport bekannte Gebot der Fairneß.[61] So erscheint das moralische Subjekt im Utilitarismus bald als Zuschauer, bald als fairer Schiedsrichter. Singer veranschaulicht den mit dieser Sicht verbundenen Gerechtigkeitsbegriff mit dem Bild der Waage: »Das Prinzip der gleichen Erwägung von Interessen funktioniert wie eine Waagschale: Interessen werden unparteiisch abgewogen. Echte Waagen begünstigen die Seite, auf der das Interesse stärker ist oder verschiedene Interessen sich zu einem Übergewicht, über eine kleine Anzahl ähnlicher Interessen verbinden; aber sie nehmen keine Rücksicht darauf, wessen Interessen sie wägen.«[62]

Der Grundfehler des Utilitarismus besteht meines Erachtens darin, das moralische Subjekt als isoliertes Ich vorzustellen. Moralität aber ist, wie etwa Böhler zu Recht einwendet, durch intersubjektive, interpersonale, an sprachliche Kommunikation gebundene Rechenschaftspflicht begründet. Eben darum ist der gegenüber nichtutilitaristischen ethischen Konzeptionen erhobene Vorwurf des Speziezismus schon im Ansatz problematisch. Die utilitaristische Speziezismuskritik wirft zwar mit Recht die Frage auf, ob nur das zwischenmenschliche Verhalten als Gegenstand moralischer Reflexion zu gelten hat. Entschei-

58 Vgl. P. Singer, a.a.O. (Anm. 1), S. 108.

59 *J.S. Mill*, Der Utilitarismus, dt. Stuttgart 1976, S. 30.

60 Vgl. *H. Ruh*, Tierrechte – neue Fragen der Tierethik, ZEE 33, 1989, S. 59-71, hier S. 67.

61 Siehe *J. Rawls*, Eine Theorie der Gerechtigkeit (1971), dt. Frankfurt a.M. 1975; *ders.*, Gerechtigkeit als Fairneß, hg. v. O. Höffe, Freiburg/München 1977.

62 P. Singer, a.a.O. (Anm. 1), S. 33.

dend ist jedoch die Frage nach den möglichen Subjekten moralischer Urteile und moralisch begründeten Handelns. Dies aber können prinzipiell nur Menschen sein. Auch Tiere haben je nach ihrer Entwicklungsstufe in unterschiedlichen Graden Bewußtsein, höhere Gattungen möglicherweise sogar ein rudimentäres Selbstbewußtsein, jedoch keine Moral.[63] Hätten sie eine solche, so wären sie nicht nur in der Lage, sondern sogar genötigt, sich mit uns Menschen über moralische Probleme intersubjektiv zu verständigen. Das aber ist nicht der Fall. Weil Moral ein intersubjektives, spezifisch menschliches Phänomen ist, haben wir Menschen nicht nur die Möglichkeit, sondern sogar die Verpflichtung zu moralischer Reflexion und moralisch begründetem Handeln. Singer verkennt diesen Sachverhalt völlig, wenn er die Moral mit dem Hobby des Briefmarkensammelns in einem Atemzug nennt, sie damit aber für entbehrlich erklärt.[64]

Als zur Moral verpflichtete Wesen befinden wir uns im ethischen Konfliktfall weder in der Rolle eines unbeteiligten Zuschauers noch in derjenigen des unparteiischen Richters. Wir sind vielmehr beteiligte, in mögliche Schuld verstrickte und gegenüber einer anderen Instanz rechenschaftspflichtige Akteure. Dies gilt auch dann, wenn man nicht den Gott des christlichen Glaubens als Instanz ethischer Verantwortung anrufen möchte, sondern die transzendentale Vernunft oder die universale menschliche Kommunikationsgemeinschaft zur moralischen Letztinstanz erklärt.

Es ist nun aber die Fähigkeit und Pflicht zur moralischen Verantwortung, welche die besondere Würde und Bürde des Menschseins ausmacht. Mit einem biologischen Speziezismus, wie Singer unterstellt, hat dies nichts zu tun. So berechtigt die Forderung nach einer Ethik der Tierrechte ist, so fragwürdig ist schon im Ansatz Singers Begriff des Speziezismus. Er verkennt, daß der Begriff des Menschen und seiner Würde philosophisch wie theologisch gerade nicht über die Biologie, sondern an dem Phänomen der Moral und an der Erfahrung des Gewissens gewonnen wird.

Vom Phänomen der Moral wie von der Gewissenserfahrung aus läßt sich meines Erachtens der Begriff der Heiligkeit menschlichen Lebens rekonstruieren, den Singer für eine bloße Setzung des religiösen Bewußtseins hält und für obsolet erklärt. Eine Reformulierung des Heiligkeitsbegriffs, wie sie hier vorgeschlagen wird, impliziert allerdings auch die Kritik an dem heute so beliebten undifferenzierten Gebrauch des Wortes in manchen kirchlichen und theologischen Kreisen. In der biblischen Tradition ist Heiligkeit bekanntlich zunächst keine der Schöpfung immanente Eigenschaft, sondern ein Gottesprädikat, wel-

63 Zur Frage tierischen Bewußtseins siehe *J.C. Eccles*, Die Evolution des Gehirns – die Erschaffung des Selbst, München 1989, bes. S. 278ff.

64 Vgl. P. Singer, a.a.O. (Anm. 1), S. 298.

ches das Sein Gottes im Gegenüber zu wie im Miteinander mit dem Menschen thematisiert. Die Heiligkeit des Menschen aber besteht in seinem mit der Gottesrelation gegebenen Verantwortlichsein. Sofern diese Verantwortung gegenüber Gott auch für das nichtmenschliche Leben empfunden wird, erschließt sich der Gedanke der Heiligkeit allen Lebens. Theologisch vertretbar ist dieser aber nur als ein von der Erfahrung des Gewissens abgeleiteter, soll nicht die biblische Rede von Gott dem Schöpfer durch eine diffuse Naturmystik ersetzt werden. Mag auch die theologische Kategorie des Heiligen keine allgemeine Anerkennung finden, so läßt sich in jedem Fall gegen die utilitaristische Speziezismuskritik einwenden, daß sie – mit Kant gesprochen – den im Phänomen der Moral begründeten Unterschied zwischen Wert und Würde aufhebt. In seiner »Grundlegung zur Metaphysik der Sitten« unterscheidet Kant folgendermaßen: »Im Reich der Zwecke hat alles entweder einen Preis oder eine Würde. Was einen Preis hat, an dessen Stelle kann auch etwas anderes als Äquivalent gesetzt werden; was dagegen über allen Preis erhaben ist, mithin kein Äquivalent verstattet, das hat eine Würde.«[65] Aufgrund seiner Moralität hat das menschliche Dasein nach Kant einen »Zweck an sich selbst«[66]. Sein Wert ist ein absoluter, darf daher niemals als Mittel für andere Zwecke betrachtet oder eingesetzt werden. Andernfalls würde nicht nur der Begriff der Person aufgelöst, sondern überhaupt jede Möglichkeit von Moral negiert.

Genau in diesen Ruin aber treibt Singers utilitaristische Ethik, wenn sie zum Beispiel unterstellt, für einen abgetriebenen Fötus gebe es ein Äquivalent, nämlich eine andere, gleichwertige intelligible Person.[67] Umgekehrt degradiert Singer das menschliche Individuum zum bloßen Mittel, nämlich zum Mittel der Maximierung einer abstrakten Summe von Glück. Nicht das moralische Subjekt, sondern die Fiktion einer universalen Glückssumme ist bei Singer der Selbstzweck oder, mit Kant gesprochen, der absolute Wert, dem der einzelne Mensch notfalls geopfert werden darf.

Es ist kein Zufall, wenn sich Singers Ethik der Sprache der Ökonomie bedient. Der auch als »ökonomischer Utilitarismus« bezeichnete Präferenzutilitarismus[68] wählt denjenigen Handlungsverlauf, »der per saldo [!] für alle Betroffenen die besten Konsequenzen hat«[69]. Singers Ethik denkt in Kategorien des quantitativen und qualitativen Wachstums. In seiner utilitaristischen Ethik geht es um Gewinnmaximierung

[65] *I. Kant*, Grundlegung zur Metaphysik der Sitten, in: ders.: Werke in sechs Bänden, hg. von W. Weischedel, Bd. IV, Darmstadt [5]1983, S. 11-102, hier S. 68.
[66] A.a.O. (Anm. 65), S. 59.
[67] Vgl. P. Singer, a.a.O. (Anm. 1), S. 146ff.
[68] Vgl. a.a.O. (Anm. 1), S. 112.
[69] A.a.O. (Anm. 1), S. 24.

und Wertschöpfung. Die von Kant plausibel gemachte, vom Begriff des Wertes zu unterscheidende Würde des Menschen gerät völlig unter die Räder, weil das Individuum, welches doch aufgrund seiner Bestimmung zur Moralität unverwechselbar und darum unersetzlich ist, vergleichgültigt wird. Singer spricht von einer imaginären »Totalansicht«, in deren Perspektive es sich bei der Aufgabe moralischen Handelns »um die Vermehrung der Gesamtsumme von Lust handelt (und um die Verminderung der Gesamtsumme von Schmerz) und es gleichgültig [!] ist, ob dies durch die Vermehrung von Lust bei existierenden Wesen geschieht oder durch die Vermehrung der Zahl [!] von Wesen, die existieren«[70].

Der utilitaristische Solipsismus des moralischen Ich legitimiert trotz gegenteiliger Beteuerungen den Kollektivegoismus. Sein Begriff der Gerechtigkeit beschreibt im Grunde nur das Recht des Stärkeren, von dessen Wohlwollen der Schwächere abhängig ist. Zwar begründen sowohl Singer als auch klassische utilitaristische Philosophen wie J.S. Mill die Gerechtigkeitsforderung mit dem Gleichheitsgrundsatz. Doch ist die Gleichheit bei ihnen lediglich die Grundlage für die Berechnung des Kollektivwohls, nicht aber das Ergebnis ihrer Berechnung.[71]

Singers utilitaristische Kritik des Speziezismus und seiner religiösen Prämissen ist also seinerseits einer gründlichen Kritik zu unterziehen. Das gilt in prinzipieller wie in pragmatischer Hinsicht. So berechtigt Singers Kritik an der mangelnden Handhabbarkeit der Lehre Albert Schweitzers von der Ehrfurcht vor dem Leben ist, so hilflos, um nicht zu sagen grotesk ist der Versuch Singers, den Lebenswert der unterschiedlichsten Lebensformen quantifizieren und mit Hilfe eines universalgültigen Maßstabes gewichten zu wollen. Mit Hilfe unserer Phantasie nämlich sollen wir uns ausmalen, wie es wohl sein könnte, ein Pferd oder eine Maus zu sein. Anschließend sollen wir uns vorstellen, eine dritte Art von Lebewesen zu sein, um in diesem dritten Zustand die beiden vorigen miteinander zu vergleichen oder gar gegen unsere menschliche Daseinsform abzuwägen. Wenn Singer einräumt, dieses Szenario verlange von uns »die Annahme etlicher Dinge, die sich nie so zutragen könnten, und einiger Dinge, die unsere Einbildungskraft strapazieren«[72], wird man ihm nur ungeteilt beipflichten können.

Die Abstrusität der Singerschen Argumentation kann nicht treffender analysiert werden als im Dialog zwischen Karl Valentin und Liesl

70 A.a.O. (Anm. 1), S. 120.

71 Zur Kritik des utilitaristischen Gerechtigkeitsbegriffs siehe auch *O. Höffe*, Schwierigkeiten des Utilitarismus mit der Gerechtigkeit. Zum 5. Kapitel von Mills »Utilitarismus«, in: *U. Gähde/W.H. Schrader* (Hg.), Der klassische Utilitarismus. Einflüsse – Entwicklungen – Folgen, Berlin 1992, S. 292-317.

72 P. Singer, a.a.O. (Anm. 1), S. 124

Karlstadt über den Ententraum in Valentins »Raubrittern vor München«. Der Wachtposten Bene ist verärgert, weil ihn der Trommlerbube Michl aus einem Traum, in welchem er eine Ente war, gerade in dem Moment geweckt hat, als er einen fetten Wurm fressen wollte. Während Michl glaubt, seinen Kameraden aus einem Alptraum befreit zu haben, erklärt ihm dieser, er sei ja in seinem Traum gar kein Mensch, sondern eine Ente gewesen, für die es ein Genuß gewesen wäre, den Wurm zu verspeisen. Der Wortwechsel zwischen Bene und Michl ist gerade deshalb so komisch, weil Bene bald als Ente, bald als Mensch argumentiert, ohne einer der beiden Seinsformen den Vorzug zu geben. Dies ist ihm auch gar nicht möglich, weil man nämlich, wie Bene feststellt, selbst dann nicht wirklich weiß, wie es ist, eine Ente zu sein, wenn man geträumt hat, eine solche zu sein. Bene formuliert die Einsicht, daß wir nur über das Medium der Sprache wirklich Zugang zur Selbstwahrnehmung eines anderen Lebewesens finden können. Enten aber können bekanntlich nicht sprechen, weshalb ihre Selbstwahrnehmung unserem Verstehen unzugänglich bleibt.[73]

Man mag es bedauern, aber wir wissen es nicht und können es niemals wissen, wie es ist, ein Pferd oder eine Maus zu sein. Wir können auch niemals wissen, was es heißt, ein Embryo zu sein, obwohl wir selbst alle einmal Embryonen gewesen sind. Wir brauchen dies auch gar nicht zu wissen, um uns sowohl gegenüber Föten als auch Schwerstbehinderten, Moribunden wie auch Tieren gegenüber moralisch verhalten zu können. Singer kritisiert es, Ethik auf religiöse Prämissen zu gründen. Aber was tut er, wenn er sich in eine dritte Lebensform hineinphantasiert, um von ihr aus zwischen zwei anderen Lebensformen zu wählen? Entweder ist eine Entscheidung auf dieser Grundlage willkürlich, da auch die dritte Lebensform nur eine partikulare Perspektive gestattet, die in einem unendlichen Regreß mit allen sonstigen bekannten oder denkbaren Lebensformen verglichen werden muß. Der vermeintliche Universalismus des Präferenzutilitarismus erweist sich dann als ethischer Partikularismus. Oder aber es handelt sich darum, in der Phantasie einen gottgleichen Standpunkt einzunehmen. Dann aber entpuppt sich Singers Verfahren der objektiven Quantifizierung von Lebenswert als eine Allmachtsphantasie, welche theologisch wie philosophisch zurückzuweisen ist. Singers Kritik einer religiös oder auch anderweitig begründeten ethischen Anthropozentrik vermag nicht einzulösen, was sie von anderen Ansätzen der Ethik fordert.

Damit ist nicht gesagt, daß die heute diskutierte Frage von Tierrechten sinnlos wäre oder von den Problemen medizinischer Ethik gänzlich abgekoppelt werden könnte. Schon das Problem der medizinischen

[73] Siehe *K. Valentin*: Die Raubritter vor München, in: *ders.*, Gesammelte Werke in einem Band, hg. von M. Schulte, München 1985, S. 352-371, hier S. 353f.

Tierexperimente zeigt, daß dies nicht geht. Man wird aber zur Begründung einer Tierethik nach meinem Dafürhalten einen anderen Weg als Singers Präferenzutilitarismus einschlagen müssen, zum Beispiel indem man die Frage diskutiert, ob sich in Abweichung von Kant ein auf Tiere anwendbarer Begriff des relativen Selbstzwecks formulieren läßt, der zum Ausdruck bringt, daß auch Tiere eine eigene, wenngleich von der menschlichen unterschiedene Würde haben und nur in ethisch zu definierenden Grenzen vom Menschen als Mittel zur Erfüllung anderer Zwecke in Gebrauch genommen werden dürfen. Doch braucht diese Frage hier nicht weiter erörtert zu werden.[74] Statt dessen wenden wir uns im letzten Abschnitt nochmals dem Problem der Güterabwägung zu.

7.6 Theologische Ethik und Güterabwägung

Wie schon festgestellt wurde, enthebt die Kritik an utilitaristischen Ansätzen medizinischer Ethik nicht der Notwendigkeit, in Konfliktfällen medizinischen Handelns zwischen verschiedenen Gütern abzuwägen. Dieser Umstand läßt sich, worauf zum Beispiel sowohl der protestantische Theologe Christofer Frey als auch der katholische Moraltheologe Werner Wolbert hinweisen, auch theologischerweise nicht bestreiten.[75] Bei aller denkbaren Kritik am Utilitarismus muß sich auch die theologische Ethik dem Problem der Güterabwägung stellen, das gerade im Bereich ärztlichen Handelns besonders virulent ist. Mit Recht wendet sich Wolbert daher gegen solche Theologen, welche mit dem Hinweis auf mögliche Gefahren oder unerwünschte Konsequenzen utilitaristischen Denkens jeden Ansatz einer teleologischen Ethik verwerfen. Wer dem Utilitarismus zum Beispiel das Konzept einer Verantwortungsethik, etwa dasjenige von Hans Jonas entgegenstellt, übersieht leicht, daß auch die Verantwortungsethik eine Form von konsequentialistischer, nämlich an der Abschätzung der Folgen menschlichen Handelns orientierter Ethik ist.[76] »Der Hinweis auf Gefahren kann also konsequenterweise nur ein Plädoyer für die

[74] Zur Diskussion um die ethische Begründung von Tierrechten siehe einführend den in Anm. 60 genannten Literaturbericht von H. Ruh.

[75] Vgl. *Chr. Frey*: Protestantische Ethik und Güterabwägung, in: *H.-M. Sass/H. Viefhues* (Hg.), Güterabwägung in der Medizin. Ethische und ärztliche Probleme, Berlin u.a. 1991, S. 62-72; *W. Wolbert*, Vom Nutzen der Gerechtigkeit. Zur Diskussion um Utilitarismus und teleologische Theorie, Freiburg (Schweiz) 1992.

[76] Siehe vor allem *H. Jonas*, Das Prinzip Verantwortung. Versuch einer Ethik für die technologische Zivilisation, Frankfurt a.M. 1984; *ders.*, Technik, Medizin und Ethik. Zur Praxis des Prinzips Verantwortung, Frankfurt a.M. 1985. Zur jüngeren Diskussion des Verantwortungsbegriffs vgl. *K. Schwarzwäller*, Literatur zum Thema »Verantwortung«, ThR 57, 1992, S. 141-179

Präzisierung oder Korrektur einer teleologischen Überlegung darstellen, aber nicht für die Aufgabe des teleologischen Standpunkts.«[77] Ihn muß man in vielen Konfliktfällen auch dann einnehmen, wenn man sich grundsätzlich einer deontologischen Ethik verpflichtet weiß, wie es je auf ihre Weise sowohl die Kantische als auch jede theologische Ethik sind.

Was die protestantische Ethik betrifft, so unterschied die vorneuzeitliche Theologie mit der aristotelischen Schulphilosophie zwischen drei Arten von Gütern, nämlich den Gütern des *honestum*, denen des *utile* und denjenigen des *iucundum*. Eine andere Schematik differenzierte zwischen Gütern des Gemüts, Leibesgütern und Glücksgütern[78], wobei theologisch stets vorausgesetzt war, daß Gott als das *summum bonum* eine feste Hierarchie der Lebensgüter aufgestellt habe. Der nachaufklärerische Protestantismus hat sich in starkem Maße Kant angeschlossen, welcher in der Würde des vernunftbegabten, zu reinem gutem Willen bestimmten Menschen das einzige wirkliche Gut sah.

In den Problemzonen medizinischer Ethik geht es heute freilich um Konflikte, in denen gerade diese Würde in das Kalkül der Abwägung von Lebensgütern und Handlungsalternativen einbezogen werden muß. Welche Gesichtspunkte kann die Theologie zum Umgang mit solchen Konflikten beisteuern? Die protestantische Ethik kennt im wesentlichen drei Wege der Güterabwägung. Den ersten beschreitet, wer den Geltungsbereich moralischer Normen eingrenzt, so daß in bestimmten Fällen von Menschen abstammendes Leben mit nichtmenschlichem Leben gleichgesetzt wird. Martin Luther konnte zum Beispiel dazu raten, den sogenannten Wechselbalg von Dessau zu töten, wobei freilich zu berücksichtigen ist, daß Luther und seine Zeitgenossen rätselhafte Mißgeburten als das Werk von Dämonen ansahen, nichts jedoch mit modernen Theorien von sogenannter Rasse- oder Volkshygiene gemein hatten.[79] Ein zweites theologisches Verfahren der Güterabwägung besteht in der Anerkennung von Ausnahmesituationen, in welchen die prinzipiell zu achtende und zu schützende Würde des Menschen angetastet werden darf, zum Beispiel im Fall der Notwehr, des gerechten Krieges oder der Todesstrafe zur Sühne von Kapitalverbrechen. Die dritte Methode fußt auf dem Prinzip der Einzelfallgerechtigkeit, dem auch in der katholischen Moraltheologie geläufigen Grundsatz der sogenannten Epikie.[80]

Während vormoderne Theorien von einer im Gottesgedanken begründeten, immer schon feststehenden Ordnung der Lebensgüter ausgin-

77 W. Wolbert, a.a.O. (Anm. 75), S. 169.

78 Vgl. dazu Chr. Frey, a.a.O. (Anm. 75), S. 63.

79 Vgl. Chr. Frey, a.a.O. (Anm. 75), S. 64.

80 Siehe dazu *G. Virt*, Epikie – verantwortlicher Umgang mit Normen. Eine historisch-systematische Untersuchung (TTS 21), Mainz 1983.

gen, erfordert eine heutige Theorie des Guten, welches mehr als die Summe einzelner Güter, vielmehr deren Integral ist, daß die Folgen ethischer Entscheidungen für alle Beteiligten mitberücksichtigt werden. Weil aber im ethischen Konfliktfall nicht nur Güter oder Interessen, sondern auch moralische Normen zueinander in Widerspruch geraten, kommt der Argumentationsfigur der Epikie heute eine besondere Bedeutung zu. Das Prinzip der Fallgerechtigkeit verhilft der von der protestantischen Theologie traditionellerweise beargwöhnten Kasuistik wieder zu einem gewissen Recht und führt zu einer vorsichtigen Annäherung zwischen katholischen Moraltheologen und protestantischen Ethikern.[81] Eine Güterabwägung im Sinne der Epikie unterscheidet sich darin von der üblichen Kasuistik, daß sie gerade nicht von einer allgemeinen Regel, die es auf einen Einzelfall anzuwenden gälte, sondern umgekehrt vom konkreten Einzelfall ausgeht. Im Unterschied zu einer antinomistischen Situationsethik setzt das Prinzip der Epikie allerdings nicht jegliche allgemeine Norm außer Kraft, sondern besagt, daß vom konkreten Konfliktfall aus die Lebensdienlichkeit und Verbindlichkeit allgemeingültig formulierter Normen erfragt wird.

Was das Problem der Güterabwägung in der Medizin betrifft, so kann es die Aufgabe medizinischer Ethik nicht sein, Lebensgüter zu quantifizieren und zu hierarchisieren, wie es der Utilitarismus für möglich hält. Konflikte medizinischen Handelns, in denen keineswegs nur die Ärzte oder das Pflegepersonal, sondern auch der Patient und seine Angehörigen, letztlich die gesamte Gesellschaft und ihre Institutionen, Verantwortung tragen, werfen in jedem Einzelfall die grundsätzliche Frage auf, was überhaupt unter der Würde des Menschseins, seinem absoluten Wert zu verstehen ist, was das menschliche Einzelleben auszeichnet und die innere Einheit seiner Facetten und Lebensstadien begründet. Die innere Einheit eines individuellen Lebens ist keine statische Größe, sondern muß immer neu gewonnen und bestimmt werden, indem nicht nur Gesundheit, Glück und Erfolg, sondern auch Mißerfolg, Leiden und Sterben zugelassen und angenommen werden. So sehr es ethisch geboten ist, vermeidbares Leiden zu bekämpfen, so wahr bleibt es doch, daß auch Leiden und Tod zum menschlichen Leben gehören. Auch sie machen die Würde des Lebens aus und sind nicht um den Preis zu eliminieren, daß das Leben selbst ausgelöscht wird.

Der Totalansicht einer fiktiven Glückssumme der Menschheit wie eines einzelnen Menschenlebens widerspricht die Einsicht, daß alles Leben, auch das erfolgreiche und gesunde, immer ein Fragment

[81] Vgl. Chr. Frey, a.a.O. (Anm. 75), S. 69.

bleibt.[82] Ganzheitlichkeit im Sinne von Vollkommenheit ist deshalb nicht nur eine unchristliche, sondern auch eine inhumane Zielsetzung für ärztliches Handeln. Das Gute, nach welchem christliche Theologie wie säkularer Humanismus fragen, ist nicht mit einer fiktiven Glücks- oder Gütersumme identisch, wie es der Utilitarismus glauben machen will. Freilich steht das Gute auch nicht als eine vorgegebene metaphysische Größe fest, sondern muß in jedem Einzelleben und jeder ethischen Konfliktsituation neu erfragt und entdeckt werden. Wie das Gute, so muß auch der Sinn unseres Lebens in jeder Lebensphase, nicht zuletzt im Krankheitsfall und an den Grenzen des Lebens, neu gesucht und erkämpft werden. Wo er aber entdeckt oder – christlich gesprochen – uns gewährt und erschlossen wird, entzieht er sich jeder utilitaristischen Quantifizierung.

[82] Zu diesem auch für die medizinische Ethik relevanten Aspekt siehe vor allem *H. Luther*: Leben als Fragment. Der Mythos von der Ganzheit. WzM 43, 1991, S. 262-273; *ders.:* Identität und Fragment, ThPr 20, 1985, S. 317-338.

8 Die Würde des Menschen – unantastbar? Über die rechtliche und moralische Stellung von Embryonen

8.1 Embryonenschutz und Grundgesetz

»Die Würde des Menschen«, so erklärt Artikel 1 des deutschen Grundgesetzes, »ist unantastbar. Sie zu achten und zu schützen ist Verpflichtung aller staatlichen Gewalt.« Artikel 2 führt aus, daß jeder Mensch das Recht auf die freie Entfaltung seiner Persönlichkeit, auf Leben und körperliche Unversehrtheit hat. Unverletzlich wie die Menschenwürde ist auch die Freiheit der Person. Doch wer ist Mensch bzw. Person im Sinne des Grundgesetzes? Wo beginnt und wo endet das Leben eines Menschen? Menschliches Leben beginnt mit der Verschmelzung einer menschlichen Eizelle mit einer Samenzelle. Es endet, wo menschliche Zellen irreversibel zerstört sind. Aber ab wann und wie lange ist menschliches Leben gleichbedeutend mit dem Leben eines Menschen? Welche Formen menschlichen Lebens genießen also den Schutz der Menschenwürde und der Person, den das Grundgesetz garantiert? Dies sind Fragen, die durch Reproduktionsmedizin, medizinische Genetik, Intensivmedizin und Transplantationsmedizin eine neue Qualität erhalten.

Was den Beginn eines Menschenlebens betrifft, so stellt das deutsche Embryonenschutzgesetz klar, daß menschliches Leben vom Moment seiner Zeugung an den Schutz des Grundgesetzes genießt. Doch wird dieser Schutz rechtsphilosophisch und ethisch überzeugend begründet? Hat man Embryonen, selbst vor ihrer Nidation, tatsächlich schon als Menschen bzw. als Personen zu betrachten, denen eine unveräußerliche Würde zukommt? Andere europäische Länder haben bekanntlich eine von der deutschen abweichende Gesetzgebung, welche z.B. die Forschung an in vitro fertilisierten Embryonen für einen gewissen Zeitraum zuläßt. Bislang konnte auf europäischer Ebene in dieser Frage keine Einigung erzielt werden. Artikel 18 der umstrittenen Menschenrechtskonvention des Europarates zur Biomedizin führt aus: »Die Rechtsordnung hat einen angemessenen Schutz des Embryos zu gewährleisten, sofern sie Forschungen an Embryonen zuläßt.« Einigkeit herrscht lediglich darüber, daß die gezielte Erzeugung menschlicher Embryonen zu Forschungszwecken verboten bleibt. Inwiefern aber der in England, Frankreich oder den USA geregelte Schutz von Embryonen, an denen in diesen Ländern innerhalb einer gewissen Frist geforscht werden darf, »angemessen« ist, bleibt eine juristisch wie medizinethisch strittige Frage.

Daß in der Frage der Embryonenforschung keine supranationale Verständigung zu erzielen ist, stellt uns vor das schwerwiegende Problem, ob sich die deutsche Rechtsauffassung überzeugend begründen läßt.[1] Mit ihm werden wir auch durch die Diskussion über die Zulässigkeit der in Deutschland bislang generell verbotenen, in vielen anderen europäischen Ländern aber bereits erlaubten Präimplantationsdiagnostik konfrontiert. Hierbei handelt es sich um die genetische Untersuchung von Embryonen vor einem möglichen Transfer in die Gebärmutter. Die Bundesärztekammer hat im Frühjahr 2000 den Diskussionsentwurf zu einer Richtlinie zur Präimplantationsdiagnostik vorgelegt, der ihre Anwendung in engen Grenzen befürwortet.[2] Ob eine klare Grenzziehung und damit der Ausschluß eines eugenischen Mißbrauchs möglich ist, bleibt aber weiterhin umstritten. Zu den geäußerten Bedenken gehört die Feststellung, daß die Zulassung der Präimplantationsdiagnostik den Einstieg in die verbrauchende Embryonenforschung bedeutet.[3]

Radikale Kritik am Konzept der Menschenwürde übt der Philosoph Franz Josef Wetz. »Die Würde der Menschen«, so lautet die provozierende These seines gleichnamigen Buches, »ist antastbar«.[4] Und zwar nicht nur praktisch, wie jeder Fall von Mißachtung der Menschenrechte zeigt, sondern auch theoretisch.

Wetz sucht nach einer neuen Begründung der Menschen*rechte*, weil er die ihnen bisher zugrunde liegende Idee der Menschen*würde* für unzureichend hält. Sie ist seiner Ansicht nach ein metaphysisches Konstrukt mit religiösem Hintergrund, das in einer multikulturellen Welt nicht wirklich überzeugt und auch der philosophischen Kritik seitens des Utilitarismus nicht standhält. Insbesondere hält es Wetz für unangemessen, Embryonen den Status von Personen, und sei es auch von potentiellen Personen, zuzusprechen.

1 Vgl. dazu *N. Knoepffler*, Forschung an Embryonen. Was ist verantwortbar?, Stuttgart/Leipzig 1999.

2 Dt. Ärzteblatt 97, 2000, A-525-528.

3 Vgl. *N. Jachertz*, Am Rande der schiefen Bahn, Dt. Ärzteblatt 97, 2000, A-507.

4 *F.J. Wetz*, Die Würde der Menschen ist antastbar. Eine Provokation, Stuttgart 1998.

8.2 Menschenwürde von Embryonen?

Nun wird man einräumen müssen, daß der Begriff der Menschenwürde historisch wie systematisch nicht unproblematisch ist. In ihm fließen christliche und jüdische, aber auch stoische Traditionen zusammen. Die neuzeitliche Idee der Menschenrechte basiert auf einem säkularisierten und naturalisierten Begriff der Gottebenbildlichkeit, der das biblische Menschenbild bestimmt, nun aber seiner spezifisch biblischen Begründung entkleidet ist. Recht unpräzise wird der Begriff der Menschenwürde freilich auch in kirchlichen Verlautbarungen zu Fragen der Menschenrechte oder der medizinischen Ethik verwendet. Die theologische Begründung erschöpft sich meistens im formelhaften Hinweis auf die Geschöpflichkeit und Gottebenbildlichkeit des Menschen. Doch worin diese besteht, wird selten klar gesagt.

Kritik an einem bloß appellativen Gebrauch der Begriffe von der Gottebenbildlichkeit oder der Menschenwürde ist angebracht. Aber erledigt sich mit solcher Kritik auch schon der Gedanke als solcher? Oder ist es möglich, eine differenzierte Fassung desselben zu formulieren, welche der Komplexität medizinethischer Sachverhalte gerecht wird?[5]

Theologische Ethiker argumentieren zugunsten des Personstatus von Embryonen meist mit dem sogenannten Potentialitätsargument. Kritiker, insbesondere Vertreter einer utilitaristischen Ethik machen dagegen geltend, daß menschlich-personales Leben, d.h. ein zur Kommunikation und Moralität fähiges Individuum empirisch nachweisbar nicht schon mit der Verschmelzung einer menschlichen Eizelle mit einer menschlichen Samenzelle gegeben sei. Nun ist einzuräumen, daß sich der moralische Status des beginnenden menschlichen Lebens nicht aufgrund biologischer Kriterien definieren läßt, sind doch Personalität und Moralität nicht genetisch festgelegt. Insofern ist es zumindest problematisch, von einer potentiellen Personalität schon im Stadium der befruchteten Eizelle zu sprechen. Denn diese entwickelt sich nicht zwangsläufig zu einer Person, sondern erst aufgrund äußerer Einflüsse und Wechselwirkungen im weiteren Verlauf der ontogenetischen Entwicklung. Außerdem kann sich der Präembryo zu Zwillingen oder Mehrlingen entwickeln, die dann je eine Person für sich sind. Daher argumentiert B. Irrgang, das ethisch relevante Kriterium für den Schutz des werdenden menschlichen Lebens sei »nicht die Person, sondern die Entwicklung einer leib-seelischen Einheit eines Menschen, der sich zur Person entwickeln kann. Personalität ist [...] ein

[5] Zum Stand der interdisziplinären Diskussion siehe *G. Rager* (Hg.), Beginn, Personalität und Würde des Menschen (Grenzfragen 23), Freiburg/München ^{2}1998.

Zuschreibungsbegriff und Interpretationskonstrukt und daher auch nicht genetisch fixiert«[6].

Diese Sichtweise entspricht insoweit durchaus der biblischen Tradition, als ihr zufolge der Mensch dadurch zur Person wird, daß Gott ihn bei seinem Namen ruft und somit als Du personifiziert. Die biblische Anthropologie führt uns nun aber zu der Einsicht, daß die Entwicklung eines Individuums zur Person nur möglich ist, wenn dieses bereits zuvorkommend als solches angesehen und behandelt wird. Gerade weil Personalität ein Zuschreibungsbegriff ist, hat das sogenannte Potentialitätsargument ein gewisses Wahrheitsrecht. Nur ist diese Potentialität nicht biologisch oder naturrechtlich zu behaupten, sondern als *Maxime des sozialen Verhaltens*, angefangen beim Verhältnis der Schwangeren zu dem in ihr heranwachsenden Kind – oder eben auch des Mediziners zu einem in vitro gezeugten Embryo. Im übrigen ist festzustellen, daß auch utilitaristische Ethiker, welche für einen vorgeburtlichen Lebensschutz eintreten, nicht ohne Potentialitätsargumente, wenn auch in einer abgeschwächten Form, auskommen. Insofern er als Bezeichnung einer biologischen Anlage mißverstanden werden könnte, sollte man aber den Potentialitätsbegriff vielleicht besser vermeiden und statt dessen von der Transzendentalität des Personseins sprechen.[7]

Theologisch betrachtet ist die Bedingung der Personwerdung des Menschen die zuvorkommende Gnade Gottes, welche in der neutestamentlichen Botschaft von der bedingungslosen Rechtfertigung des Sünders ihre Zuspitzung erfährt. Darum hängt nun aber das Lebensrecht eines Menschen gerade nicht von bestimmten intellektuellen Fähigkeiten oder seiner körperlichen Verfassung ab. Theologisch folgt dies aus dem Zusammenhang zwischen Rechtfertigungslehre und Christologie, der schon im dritten Kapitel angesprochen wurde. Dort wurde auch bereits ausgeführt, daß die Würde des Menschen bzw. seine Personalität jede biologische Beschreibbarkeit transzendiert. Sie hat den Charakter des Geheimnisses. Und eben in dieser Geheimnishaftigkeit erblickt der christliche Glaube das Abbild der Geheimnishaftigkeit Gottes.

Die bloße physische Existenz menschlichen Lebens im Sinne eines Zellhaufens ist zwar keine hinreichende, wohl aber eine notwendige Bedingung menschlicher Personalität. Diese Bedingung ist ihrerseits nicht schon mit der Befruchtung einer Eizelle gegeben, sondern darin erst potentiell angelegt. Die Erlangung organismischer Identität nach

[6] *B. Irrgang*, Grundriß der medizinischen Ethik (UTB 1821), München/Basel 1995, S. 223.

[7] Zur medizinethischen Bestimmung des Personbegriffs aus theologischer Sicht siehe auch *H. Kreß*, in: *ders./W.E. Müller*, Verantwortungsethik heute. Grundlagen und Konkretionen einer Ethik der Person, Stuttgart 1998, S. 152ff. 166ff.

Ablauf der Phase, in der noch eine Mehrlingsbildung möglich ist, und die Einnistung des Embryos sind wichtige Etappen der individuellen Entwicklung. Strittig ist in der medizinethischen Diskussion, ab welchem Entwicklungsstadium vorgeburtliches menschliches Leben in welchem Ausmaß gesetzlich zu schützen ist.[8] M.E. spricht die Möglichkeit der Mehrlingsbildung bzw. der Entartung zu einem Tumor im Stadium des totipotenten Embryos nicht gegen die strikte Schutzwürdigkeit menschlichen Lebens vom Beginn der Zeugung an. Das ethische Argument für oder gegen den Schutz des Embryos ist nicht negativ die Möglichkeit, daß die Schwangerschaft nicht zum Ziel führt, sondern positiv die Möglichkeit, daß dies geschieht. Mehrlingsbildung oder frühzeitiger Abort sind nicht auszuschließen, aber eben auch keineswegs die Regel. Es ist m.E. das Nichtwissen über die Entwicklungspotenzen einer befruchteten Eizelle, das im Sinne des Tutiorismus ihren Schutz gegen jede Invasion von außen vom ersten Moment an begründet.

8.3 Konsequenzen für die medizinische Genetik

Für die Anwendung gentechnischer Verfahren in Diagnostik und Therapie lassen sich von diesen anthropologischen Überlegungen einige ethische Grundsätze ableiten. Wie in der Medizin im allgemeinen, so ist auch besonders im Bereich der medizinischen Genetik dafür Sorge zu tragen, daß die Würde des Menschen im Sinne seiner moralfähigen Personalität und seiner Selbstzwecklichkeit nicht angetastet wird. Niemand darf daher wegen seines genetischen Erbes diskriminiert werden. Das gilt nicht nur für manifeste Erbkrankheiten, sondern auch für das weite Feld genetischer Dispositionen. Insbesondere verbietet sich die Geschlechtswahl im Rahmen der Reproduktionsmedizin. Zum Schutz der Menschenwürde gehört auch der besondere Schutz von Daten, die im Rahmen genetischer Untersuchungen erhoben werden. Solche Untersuchungen wie auch die Durchführung von Gentherapien – welche ja noch in den Anfängen stecken – bedürfen der freiwilligen Zustimmung des Patienten nach vorheriger Aufklärung (informed consent). Niemand darf zu Genanalysen gezwungen werden, weil es ein Recht auf Nichtwissen gibt, freilich auch ein Recht auf Wissen selbst dort, wo Therapiemöglichkeiten fehlen. Das Prinzip der Freiwilligkeit gilt insbesondere für Untersuchungen zu Forschungszwekken, deren Ergebnisse den Probanten nicht unmittelbar zugute kommen. Nichtzustimmungsfähige Personen bedürfen in Therapie und

[8] Vgl. dazu *C. Kaminsky*, Embryonen, Ethik und Verantwortung (Philos. Untersuchungen 5), Tübingen 1998; *M. Junker-Kenny*, Der moralische Status des Embryos, Conc 34, 1998, S. 157-167.

Forschung des besonderen Schutzes, wobei zu fragen ist, ob in ihrem Fall überhaupt Forschungen erlaubt sein sollen, von denen sie selbst keinen unmittelbaren Nutzen haben. Und schließlich sind alle medizinischen Interventionen abzulehnen, welche den Menschen in seinem oben beschriebenen Grundwesen verändern bzw. zu seinem Verschwinden führen. Praktisch bedeutet dies, daß man aus ethischer Sicht grundsätzlich die Entwicklung von Verfahren der somatischen Gentherapie befürworten kann, beim derzeitigen Wissensstand aber nicht Verfahren der Keimbahntherapie, durch welche nicht nur ein schwere Krankheiten auslösender Gendefekt behoben, sondern ein Mensch in seiner Gesamtheit verändert würde und die veränderten Merkmale mit unabsehbaren Folgen auf künftige Generationen übertragen würden. Allerdings ist auch bei der somatischen Gentherapie nicht auszuschließen, daß sie unerwünschte genetische Veränderungen als Nebenfolge hat, die auch vererbbar sein könnten. Der allgemeine medizinethische Grundsatz des Nicht-Schaden-Dürfens (nil nocere) zwingt gerade auf dem Gebiet der Genetik zu besonders umsichtiger Risikoabschätzung, die auch künftige Generationen einbezieht.

Ein entscheidendes ethisches Kriterium für die Zulässigkeit von Genanalysen ist, ob und inwiefern sie im Einzelinteresse der Betroffenen bzw. ihrer Angehörigen, im Fall der pränatalen Diagnostik *im Interesse des Kindes bzw. des Embryos* liegen. Dieses liegt zweifellos vor, sofern die pränatale Diagnostik therapeutische Möglichkeiten eröffnet. Der Schwangerschaftsabbruch aber läßt sich ethisch allenfalls aus der Konfliktlage der Mutter, jedoch nicht durch das vermeintliche Interesse des Embryos rechtfertigen. Im Sinne ihrer Autonomie, welche die persönliche Verantwortung für die eigene Lebensführung einschließt, ist allen Mitgliedern der Gesellschaft der Zugang nicht nur zur medizinischen Versorgung im allgemeinen, sondern speziell auch zur genetischen Beratung einzuräumen. Wie freilich der Einzelne die möglichen Konsequenzen des durch eine Genanalyse erworbenen Wissens für seine Lebensgeschichte und für mitbetroffene Dritte ethisch zu reflektieren hat, so ist der ethisch verantwortliche Umgang mit den Möglichkeiten der Humangenetik eine gesamtgesellschaftliche Aufgabe. So sehr die Freiheit des Einzelnen bei der Inanspruchnahme von Genanalyse und genetischer Beratung zu achten ist, so sehr muß zugleich allen Tendenzen entgegengewirkt werden, welche einer eugenischen Mentalität in der Gesellschaft Vorschub leisten und ein Klima der Diskriminierung gegenüber Behinderten und ihren Angehörigen erzeugen. Das ist nicht nur zu bedenken, wenn über Sinn und Zweck bestimmter Screening-Programme diskutiert wird, sondern ist zugleich ein drängendes Problem der medizinischen Ökonomie, beobachten wir doch Tendenzen im Gesundheitswesen, Risiken und finanzielle Belastungen zu individualisieren und die gesellschaftliche Verpflichtung zur Solidarität zu schwächen.

Insofern ist auch die allgemein akzeptierte Maxime, wonach die genetische Beratung nicht-direktiv zu erfolgen habe, genauer zu präzisieren. Sie verdient Zustimmung, insofern sie das Prinzip der Patientenautonomie umzusetzen versucht. Der aus der Psychotherapie stammende Begriff der Nichtdirektivität läßt sich aber nicht ohne weiteres auf die Gesprächssituation einer genetischen Beratung übertragen, in der Menschen nicht zu einem neuen Selbstverständnis und Selbstbewußtsein gelangen wollen, sondern ärztlichen Rat suchen, d.h. eine Handlungsempfehlung, über deren Befolgung sie freilich selbst entscheiden müssen. Zwar ist das Selbstbestimmungsrecht der Ratsuchenden unbedingt zu achten. Doch ein Beratungsgespräch verläuft niemals ethisch neutral.[9] Seine ethischen Implikationen auf seiten der Ratsuchenden wie der beratenden Genetik müssen daher bewußt gemacht werden.

8.4 Zur Verwendung embryonaler Stammzellen

Zur Diskussion steht inzwischen nicht nur der moralische und rechtliche Status von Embryonen, sondern auch die Forschung an embryonalen Stammzellen. Im Unterschied zu den totipotenten Zellen eines Embryos, die sich alle zu einem vollständigen Menschen entwickeln können, handelt es sich bei Stammzellen um pluripotente Zellen, die zwar weniger differenziert als Körperzellen sind, jedoch nicht mehr totipotent sind. Nun gibt es auch im Körper eines ausgewachsenen Menschen Stammzellen, z.B. Blutstammzellen. Große Hoffnungen setzt die medizinische Forschung aber auf die Stammzellen von Embryonen sowie auf die Vorstufen der Keimzellen, die primordialen Keimzellen von Föten. Langfristig hofft man, aus embryonalen Stammzellen komplexere Gewebeverbände oder ganze Organe züchten zu können. Ein kurzfristigeres Forschungsziel besteht in der Entwicklung neuartiger Medikamente und in der Identifizierung von bislang nicht nachweisbaren Stammzellen im erwachsenen Menschen, von denen man sich einen therapeutischen Nutzen erwartet.
Die Forschung an embryonalen Stammzellen wirft eine Reihe neuer ethischer Fragen auf. Hierbei geht es vor allem darum, ob die Gewinnung solcher Zellen und die Forschung an ihnen mit den restriktiven Bestimmungen des deutschen Embryonenschutzgesetzes bzw. mit den vergleichbaren gesetzlichen Bestimmungen in Österreich in Einklang zu bringen ist. Hierbei sind drei Bereiche zu unterscheiden, nämlich die ethische Beurteilung der Methoden zur Gewinnung solcher Zellen,

[9] Vgl. dazu *S. Reiter-Theil*, Ethische Fragen in der genetischen Beratung. Was leisten Konzepte wie »Nichtdirektivität« und »ethische Neutralität« für die Problemlösung?, Conc 34, 1998, S. 138-148.

diejenige der bei der Forschung mit humanen Stammzellen angewendeten Verfahren sowie die Einschätzung der angestrebten Forschungsziele.
Zum gesamten Problemkreis hat die Deutsche Forschungsgemeinschaft (DFG) 1999 eine Stellungnahme veröffentlicht.[10] Die Verfasser weisen darauf hin, daß die Entnahme von primordialen Keimzellen aus toten – z.B. abgetriebenen – Föten nach geltendem Recht erlaubt ist. Anders steht es mit der Gewinnung von Stammzellen aus in vitro gezeugten Embryonen. Grundsätzlich gilt, daß jedes Klonen von Embryonen, und sei es auch nicht zum Zweck der Fortpflanzung, sondern zur Gewinnung von Stammzellen oder anderweitigen Forschungszwecken, verboten ist. Wenn dennoch über eine Lockerung des Embryonenschutzgesetzes diskutiert wird, so deshalb, weil bislang nicht geklärt ist, inwieweit anderweitig gewonnene pluripotente Stammzellen die gleichen, für die Forschung von höchstem Interesse seienden Eigenschaften besitzen. Die DFG sieht derzeit allerdings keine Veranlassung für eine Änderung der deutschen Rechtslage, sondern hofft darauf, daß angesichts der rasch voranschreitenden Entwicklung »durch technische Modifikationen oder Weiterentwicklungen bislang bekannter Verfahren gewährleistet wird, daß zur Gewinnung von pluripotenten Zellen der Weg über totipotente Zellen vermeidbar ist«[11].
Es stellt sich allerdings die Frage, wie die DFG votieren würde, sollte eine Umgehung des Weges über totipotente Embryonalzellen auf längere Zeit nicht möglich sein. Immerhin gibt es schon jetzt Stammzelllinien, die aus totipotenten Zellen gewonnen worden und in anderen Ländern erhältlich sind. Wer auf ihre Nutzung verzichtet, gerät möglicherweise in das ethische Dilemma, die aus der Forschung an solchen Zellen gewonnenen Erkenntnisse und therapeutischen Methoden später zu übernehmen, obwohl die Zulässigkeit solcher Forschung durch die Gesetzgebung des eigenen Landes verneint wird.
Ohne die Ansicht zu vertreten, daß vertretbare Forschungsziele jedes erdenkliche Mittel rechtfertigen, plädiere ich für eine differenzierte Diskussion. M.E. besteht unter gewissen Voraussetzungen eine Analogie zwischen einem abgetrieben Fötus und einem in vitro gehaltenen bzw. kryokonservierten Embryo, nämlich dann, wenn dieser nicht zu Forschungszwecken, sondern zum Zweck der medizinisch unterstützten Fortpflanzung gezeugt, jedoch als überzählig »verworfen«, d.h. vernichtet werden soll. In diesem Fall ist es m.E. ethisch vertretbar, eine Güterabwägung vorzunehmen und die Verwerfung des Embryos gegen die Gewinnung von Stammzellen abzuwägen, sofern deren

[10] DFG-Stellungnahme zum Problemkreis »Humane embryonale Stammzellen«, abgedruckt in: *L. Honnefelder* (Hg.), Jahrbuch Wissenschaft und Ethik 3, 1999, S. 394-399.
[11] A.a.O. (Anm. 10), S. 399.

Nutzung klar eingegrenzten, ethisch akzeptablen Zielen dient. Wie auch die DFG fordert, muß in jedem Fall ausgeschlossen bleiben, daß aus embryonalen Stammzellen oder primordialen Keimzellen neue Embryonen gezüchtet werden. Auch das Klonen von Menschen oder die Erzeugung von Menschen mit künstlich verändertem Erbgut muß verboten bleiben.

Keinesfalls heiligt aber der gute Zweck alle Mittel der Forschung. Zustimmung verdient daher die Feststellung des deutschen Genetikers Jens Reich: »Wir müssen nicht alles mitmachen, was von außen auf uns eindrängt; wir müssen allerdings die Konsequenzen des Verzichts rational abwägen – und dann ertragen.«[12]

[12] *J. Reich*, Ein Fest der Forschung. Die Karte des Erbguts liegt vor. Wir müssen lernen sie zu lesen, DIE ZEIT Nr. 27, 29.6.2000, S. 1.

9 Erkenntnis und Interesse
Ethische Aspekte der Forschung an nicht zustimmungsfähigen Personen

9.1 Ziele und Grenzen der Medizin

Darf die Medizin, was sie kann? Diese Frage stellt sich heute mit zunehmender Dringlichkeit. Die Fortschritte in der Grundlagenforschung und bei der Entwicklung technischer Verfahren haben die diagnostischen und therapeutischen Möglichkeiten der Medizin enorm erweitert. Weitere Fortschritte sind zu erwarten. Das gilt insbesondere für den Bereich der sogenannten Biomedizin, also der diagnostischen und therapeutischen Nutzung der Kenntnisse der Humangenetik. Die Erweiterung medizinischer Handlungsfelder erzeugt freilich auch neue ethische Konflikte.

Es geht nicht nur um die Frage, wie im Einzelfall eine verantwortliche Entscheidung für oder gegen therapeutische Maßnahmen oder deren Beendigung getroffen werden kann. Der medizinische Fortschritt im allgemeinen wie derjenige der Biomedizin im besonderen wirft die Grundsatzfrage nach Sinn und Ziel der Medizin überhaupt auf. Hinter der Frage, ob die Medizin darf, was sie kann, verbirgt sich die Frage nach ihrem Wozu.

Vor der Frage nach den Grenzen verantwortbaren medizinischen Handelns und medizinischer Forschung hat also diejenige nach ihren Zielen zu stehen. Nur wenn die elementare Frage nach dem Selbstverständnis der Medizin, d.h. aber auch nach den sie leitenden Begriffen von Krankheit und Gesundheit gestellt wird, lassen sich auch die Grenzen medizinischen Handelns und Forschens bestimmen.

Im Unterschied zu einer *kranken*orientierten, patientenzentrierten Medizin steht eine *krankheits*orientierte Medizin in der Gefahr, daß der medizinisch-technologische Fortschritt zum Selbstzweck wird. Gemacht wird, was machbar ist und zudem einen ökonomischen Gewinn verspricht. Hinter der Verselbständigung medizinischen Fortschritts steht aber auch ein utopischer Gesundheitsbegriff, der in der Bevölkerung um sich greift und durch den medizinischen Fortschritt genährt

wird[1]. Seine Kehrseite besteht darin, daß jede Beeinträchtigung des Wohlbefindens als Verhinderung des Glücks, als Einschränkung sinnhaften Lebens und somit ausschließlich negativ bewertet wird.
Ein utopisch aufgeladenes Gesundheitsideal zeitigt über kurz oder lang inhumane Folgen. Daher ist die Einsicht zurückzugewinnen, daß menschliches Leben wesenhaft fragmentarisch und unvollkommen ist und daß auch Behinderungen und Leiden zu einem sinnerfüllten Leben dazugehören.[2] Diese Erkenntnis entspricht der christlichen Anthropologie, welche den Menschen im Lichte der Lebens- und Leidensgeschichte Jesu von Nazareth als Geschöpf Gottes versteht. Die christliche Sicht des Menschen schließt auch die Unterscheidung von Heil und Heilung ein, auch wenn beide aufeinander bezogen sind.[3] Das bedeutet, daß das medizinische Handeln ebenso wie die Ziele medizinischer Forschung von allen offenen oder geheimen soteriologischen Ansprüchen zu entlasten ist. Heil ist keine sinnvolle therapeutische Zielsetzung, weder im Sinne einer fragwürdigen Ganzheitlichkeit noch im Sinne eines Meliorismus, welcher die Medizin in den Dienst einer technischen Vervollkommnung der menschlichen Gattung stellt. Die Heilkunst darf nicht zur Heilslehre überhöht werden.
Aus solchen allgemeinen Überlegungen ergibt sich, daß auch der medizinischen Forschung am Menschen Grenzen gesetzt sind, wobei zwischen therapeutischer und nicht-therapeutischer Forschung unterschieden wird.[4] Das therapeutische Objekt kann nicht die Gesellschaft oder gar die gesamte Menschheit, sondern können nur reale menschliche Einzelsubjekte in der Gegenwart oder in der mit großer Wahrscheinlichkeit prognostizierbaren Zukunft sein.[5] Dementsprechend läßt sich nur solche therapeutische Forschung rechtfertigen, die dem Wohl der genannten Subjekte dient.

[1] Vgl. die Gesundheitsdefiniton der WHO, zitiert bei *U. Eibach*, Heilung für den ganzen Menschen? Ganzheitliches Denken als Herausforderung von Theologie und Kirche, Neukirchen-Vluyn 1991, S. 20. Zur Kritik vgl. *I. Illich*, Die Enteignung der Gesundheit – Medical Nemesis, Reinbek 1975, S. 95.
[2] Vgl. *H. Luther*, Leben als Fragment, WzM 43, 1991, S. 262-273.
[3] Vgl. *U. Körtner*, Dimensionen von Heil und Heilung, EthMed 8, 1996, S. 27-42.
[4] Zu den medizinethischen, rechtlichen und historischen Fragen siehe u.a. *B. Close u.a.* (Hg.), Volunteers in Research and Testing, London/Bristol 1997; *E. Deutsch*, Das Recht der klinischen Forschung am Menschen. Zulässigkeit und Folgen der Versuche am Menschen dargestellt im Vergleich zu dem amerikanischen Beispiel und den internationalen Regelungen (Recht und Medizin 1), Frankfurt a.M. u.a. 1979; *B. Elkeles*, Der moralische Diskurs über das medizinische Menschenexperiment im 19. Jahrhundert (Medizin-Ethik 7), Stuttgart u.a. 1996; *P.-F. Koch*, Menschenversuche. Die tödlichen Experimente deutscher Ärzte, München 1996.
[5] Vgl. *H. v. Schubert*, Geistig Behinderte als Forschungsobjekte? Die Bioethik-Konvention des Europarates. ZEE 42, 1998, S. 140-146, hier S. 143.

9.2 Menschenwürde in der Medizin

Wenn das allgemeine Ziel aller Medizin die Heilung nicht von Krankheiten, sondern von kranken Menschen ist, leitet sich, wie schon im vierten Kapitel gezeigt wurde, die grundlegende Maxime zur Begrenzung medizinischen Handelns in Therapie und Forschung aus dem Prinzip der Menschenwürde ab. Dieses schließt die Selbstzwecklichkeit menschlichen Lebens ein. Auch wenn wir partiell über andere Menschen verfügen oder über uns verfügen lassen, so ist es doch mit der Würde des Menschen unvereinbar, ihn völlig zu verzwecken und zum Mittel zu degradieren, das der Erreichung anderer Zwecke dient, die nicht dem Betroffenen selbst zugute kommen. Das gilt auch für die Forschung am Menschen, für eigennützige ebenso wie für fremdnützige. Forschung, die den Probanden völlig verzweckt und instrumentalisiert, widerspricht der Menschenwürde.
Zu den geschichtlichen Wurzeln des Gedankens der Menschenwürde gehört das christliche Verständnis des Menschen als Person.[6] Das Personsein des Menschen hängt nach dieser Tradition aber nicht – wie bei J. Locke – von bestimmten Eigenschaften ab und besteht nicht in der Summe einzelner Fähigkeiten wie verbaler Kommunikation oder Selbstbewußtsein, sondern besteht primär in der Einbeziehung eines Menschen in die menschliche Kommunikationsgemeinschaft und der ihm dementsprechend von außen zukommenden Achtung. Gemäß der biblischen Tradition wird der Mensch dadurch zur Person, daß Gott ihn bei seinem Namen ruft und somit als Du personifiziert.[7] Schon im Zusammenhang der Begründungsproblematik eines strikten Embryonenschutzes zeigte sich, daß Personalität ein Zuschreibungsbegriff ist, so daß das sogenannte Potentialitätsargument ein gewisses Wahrheitsrecht hat.[8] Nicht nur für die Einstellung der Forschung zu menschlichen Embryonen oder einer Schwangeren zu dem in ihr heranwachsenden Kind, sondern auch für das Verhältnis des Arztes zu einer nicht zustimmungsfähigen, z.B. dementen oder im Koma befindlichen, Person gilt, daß die Potentialität menschlichen Personseins eine Maxime des sozialen Verhaltens ist.
Vor dem Hintergrund unserer bisherigen Ausführungen muß nun freilich der Begriff der Zuschreibung präzisiert werden. Personalität ist keine willkürliche Zuschreibung, sondern sie zeigt sich uns als wahrnehmbares Phänomen in zwischenmenschlicher Kommunikation. Wo

[6] Zur Bedeutung des Personbegriffs in der medizinethischen Debatte über Humanexperimente siehe *J. Fischer*, Fremdnützige Forschung und Sterbehilfe bei nichteinwilligungsfähigen Personen. Zur ethischen Fragwürdigkeit zweier Tabus, ZEE 43, 1999, S. 98-122, hier S. 100ff. (im Anschluß an *R. Spaemann*, Personen. Versuche über den Unterschied zwischen »etwas« und »jemand«, Stuttgart 1996.)
[7] Vgl. *K. Barth*, Die Kirchliche Dogmatik II/1, Zollikon-Zürich 1948, S. 305.
[8] S.o. Kap. 8.2.

uns Personalität als Kommunikationsphänomen begegnet, ist sie nicht das Produkt unserer Zuschreibung, sondern kann nur *anerkannt* werden, weil es sich uns von sich selbst her zeigt. Das anerkannte Personsein *äußert* sich in zwischenmenschlicher Kommunikation (Notabene: verbal wie nonverbal!), *ohne in dieser vollständig aufzugehen*. Andernfalls würde die Wirklichkeit menschlicher Freiheit bestritten. Auch darum legt sich der Begriff der Transzendentalität des Personseins nahe.[9] Wird z.B. Embryonen der Personstatus zugeschrieben, so handelt es sich nicht um einen willkürlichen Vorgang, sondern um den Ausdruck einer *Erwartung*, und zwar um den Ausdruck einer durch die allgemeine Erfahrung mit werdendem Leben und seiner späteren Entwicklung *begründete* Erwartung – die Erwartung, daß sich auch im Einzelfall das Phänomen transzendentaler Personalität einstellen wird. Die Zuschreibung von Personalität ist eine Form der *proleptischen* Anerkennung. Das Wahrheitsmoment des Potentialitätsarguments liegt also darin, daß es eine begründete Erwartung formuliert, die z.B. bei Tieren nicht berechtigt ist. Mögen wir beispielsweise auch einen Hund wie eine Person betrachten und behandeln, so wird er sich doch nie zu einer Menschen analogen Person entwickeln.

Eben darum verfangen die utilitaristische Kritik am Potentialitätsargument und der Speziezismusvorwurf nicht wirklich. Das Prinzip der Menschenwürde und ihrer Unantastbarkeit privilegiert nicht die menschliche Gattung als bloße biologische Spezies, sondern als jene Spezies, welche prinzipiell die Fähigkeit zu sittlichem Handeln hat. Als soziales Wesen partizipiert der einzelne Mensch am Wesen der Gattung, auch wenn er dieses nur fragmentarisch realisiert, d.h. also auch ein Mensch mit geistiger Behinderung, mit schwerer Demenz oder im Koma.[10] Auch er zeigt sich uns als ein zum Personsein bestimmter Mensch.

Aus solchen Überlegungen ergibt sich die schon im dritten Kapitel vertretene These, daß zwischen Personsein und Menschsein nicht zu unterscheiden ist. Beide Begriffe erläutern sich vielmehr wechselseitig.[11] Da aber das Menschsein bedeutet, leibhaftig zu existieren, und da dementsprechend das Personsein nicht nur an kognitive, sondern an leibliche und seelische Vollzüge gebunden ist, bedeutet die Achtung der menschlichen Person auch die Achtung leiblicher Integrität.

[9] Vgl. auch *H. Kreß*, in: *ders./W.E. Müller*, Verantwortungsethik heute. Grundlagen und Konkretionen einer Ethik der Person, Stuttgart 1998, S. 154ff.

[10] Vgl. auch *M. u. R. Zimmermann*, Die ›Heiligkeit des Lebens‹ in der Medizin. Eine Entgegnung, ZEE 41, 1997, S. 217-227, bes. S. 221. Ich möchte in diesem Zusammenhang aber nicht den Begriff des Mythos bemühen.

[11] Vgl. dazu auch *P.F. Strawson*, Individuals, London [10]1993; *A.G. Wildfeuer*, Art. Person, 1. Philosophisch, Lexikon der Bioethik, Bd. 3, Gütersloh 1998, S. 5-9, hier S. 9.

9.3 Biomedizin und Menschenrechte

Die rasanten Fortschritte auf dem Gebiet der Biomedizin erfordern nicht nur einen umfassenden ethischen Diskurs über ihre allgemeinen Ziele und ihren konkreten Nutzen, sondern auch rechtliche Regelungen. Sollen gesetzliche Regelungen wirksamen Schutz bieten, können sie heutzutage nicht mehr allein auf der nationalstaatlichen Ebene getroffen werden. Die Biomedizin ist politisch, juristisch und ethisch ein gesamteuropäisches Problem. Im Zentrum steht die Frage, wie die neuen Möglichkeiten, welche der Medizin durch die Gentechnik eröffnet werden, ausschließlich zum Wohle der Menschen genutzt werden können. Es stellt sich zugleich das Problem, wie der Mißbrauch der neuen medizinischen Technologie wirksam zu verhindern ist. Mit anderen Worten besteht die Aufgabe, den Schutz der Menschenrechte auf dem Gebiet der Biomedizin zu gewährleisten.
Ihr stellt sich das 1996 von der parlamentarischen Versammlung und dem Ministerkomitee des Europarates verabschiedete »Übereinkommen zum Schutz der Menschenrechte und der Menschenwürde im Hinblick auf die Anwendung von Biologie und Medizin«, kurz »Übereinkommen über Menschenrechte und Biomedizin«, »Menschenrechtskonvention zur Biomedizin« oder auch einfach »Biomedizin-Konvention« genannt.[12] So begrüßenswert der Versuch des Europarates ist, zumindest für den europäischen Bereich – wohlgemerkt über die Grenzen der Europäischen Union hinaus! – die Menschenrechte im Bereich der Biomedizin wirksam zu schützen, so strittig ist, ob das gesteckte Ziel auch tatsächlich mit der vorliegenden Konvention erreicht wird. Sowohl in Österreich als auch in Deutschland erheben sich große Bedenken gegen das Dokument.[13] Beide Staaten haben während der Beratungsphase wichtige Gesichtspunkte geltend machen und für Verbesserungen des Textes sorgen können. Dennoch bleiben rechtliche und ethische Bedenken, welche dazu geführt haben, daß Österreich und Deutschland die Konvention weder unterzeichnet noch ratifiziert haben. Die Ratifizierung der Bioethikkonvention steht somit als strittiges Thema auf der politischen Tagesordnung. Das rechtspolitische Für und Wider der Konvention aber ist nicht von ethischen Fragen ablösbar.

[12] Der Text der Konvention wird im folgenden nach der mir als Typoskript vorliegenden zweisprachigen Fassung (englisch und französisch) »Convention for the Protection of Human Rights and Dignity of the Human Being with Regard to the Application of Biology and Medicine« (European Treaties Series – No. 164; Oviedo 4.IV.1997) sowie der vom österreichischen Bundeskanzleramt zur Verfügung gestellten deutschen Übersetzung zitiert.

[13] Zur Diskussion in Deutschland siehe u.a. *M. Wunder*, Angriff auf die Menschenwürde. Bioethik widerspricht den christlichen Grundwerten, EK 29, 1996, S. 571-574; H. v. Schubert, a.a.O. (Anm. 5), passim.

9.4 Die Bestimmungen der Biomedizin-Konvention zur Forschung am Menschen

Die Menschenrechtskonvention zur Biomedizin (im folgenden MRB abgekürzt) unterstreicht in der Präambel die »Notwendigkeit, menschliche Lebewesen in ihrer Individualität und als Teil der Menschheit zu achten«, sowie die Wichtigkeit, »ihre Würde zu gewährleisten«. Sie geht einerseits davon aus, »daß die Fortschritte in Biologie und Medizin zum Wohl der heutigen und der künftigen Generationen zu nutzen sind«, ist sich aber auf der anderen Seite bewußt, »daß der Mißbrauch von Biologie und Medizin zu Handlungen führen kann, welche die Menschenwürde gefährden«.

Das oberste Ziel der MRB ist der Schutz der Würde und der Identität aller menschlichen Lebewesen, die Wahrung der Integrität des Menschen und sein Schutz vor Diskriminierung, sowie die Wahrung der Grundrechte und Grundfreiheiten im Hinblick auf die Anwendung von Biologie und Medizin (Art. 1). Dem Interesse und dem Wohl des einzelnen menschlichen Lebewesens wird Vorrang gegenüber dem bloßen Interesse der Gesellschaft oder der Wissenschaft eingeräumt (Art. 2). Auch für die Biomedizin gilt der Grundsatz, daß alle Menschen ein Recht auf gleichen Zugang zur Gesundheitsversorgung haben (Art. 3), wobei jede Intervention im Gesundheitsbereich, einschließlich der Forschung, nach den einschlägigen Rechtsvorschriften, Berufspflichten und Verhaltensregeln erfolgen muß, worunter z.B. die sogenannte Helsinki-Tokyo-Deklaration über Humanexperimente in der Medizin zu rechnen ist.[14]

Kapitel II der MRB behandelt das Problem der Einwilligung zu medizinischen Interventionen. Die allgemeine Regel des sogenannten »informed consent«, d.h. der freiwilligen und jederzeit widerrufbaren Einwilligung nach vorheriger angemessener Aufklärung wird in Art. 5 festgeschrieben. Weiter regelt die MRB den Schutz einwilligungsunfähiger Personen (Art. 6), den Schutz von Personen mit psychischer Störung (Art. 7), Ausnahmemöglichkeiten in Notfallsituationen (Art. 8), sowie die Berücksichtigung von Wünschen, die ein nicht äußerungsfähiger Patient zu einem früheren Zeitpunkt geäußert hat (Art. 9).

Fragen der medizinischen Forschung behandelt Kapitel V der MRB. Art. 15 stellt die allgemeine Regel auf: »Vorbehaltlich dieses Übereinkommens und der sonstigen Rechtsvorschriften zum Schutz menschlicher Lebewesen ist wissenschaftliche Forschung im Bereich von Biologie und Medizin frei.« Art. 16 regelt den Schutz von Personen bei Forschungsvorhaben auf der Basis des informed consent. Art.

[14] Der Text der Deklaration findet sich bei *H.-M. Sass* (Hg.), Medizin und Ethik, Stuttgart 1989, S. 366-371.

17 enthält Schutzbestimmungen für Forschungsvorhaben bei einwilligungsunfähigen Personen. Art. 18 behandelt das Problem der Forschung an Embryonen in vitro.

9.5 Ethische Aspekte der Forschung an einwilligungsunfähigen Personen

Die MRB regelt, daß medizinische Interventionen bei einwilligungsunfähigen Personen nur zu ihrem unmittelbaren Nutzen erfolgen (Art. 6 [1]). Bei Forschungsvorhaben müssen die Versuchsergebnisse aber nicht unbedingt dem einwilligungsunfähigen Probanden zugute kommen. Forschungsexperimente sind nach Art. 17 [2] i grundsätzlich auch dann zulässig, wenn die möglichen Ergebnisse anderen Personen nützen können, »die derselben Altersgruppe angehören oder die an derselben Krankheit oder Störung leiden oder sich in demselben Zustand befinden.« Fremdnützige Forschung an einwilligungsunfähigen Personen soll nach Art. 17 (2) ii allerdings nur erlaubt sein, wenn sie für die betroffene Person »nur ein minimales Risiko und eine minimale Belastung« mit sich bringt.

Kritiker werfen der MRB vor, den Schutz der Menschenwürde und der Menschenrechte von nichtzustimmungsfähigen Personen, z.B. geistig Behinderten, psychisch Kranken oder Patienten im Koma, auszuhöhlen. Selbst wenn die Grenzen für fremdnützige Forschung an Probanden aus dem genannten Personenkreis enger als in der MRB gezogen würden, befürchten sie einen Dammbrucheffekt. Nun sollte in der Diskussion nicht übersehen werden, daß bereits die Helsinki-Tokyo-Deklaration fremdnützige Forschung an nicht zustimmungsfähigen Probanden nicht völlig ausschließt. Das genannte Dokument stellt den allgemeinen Grundsatz auf, wonach biomedizinische Forschung am Menschen nur zulässig ist, »wenn die Bedeutung des Versuchsziels in einem angemessenen Verhältnis zum Risiko für die Versuchsperson steht«[15]. Die Deklaration führt näher aus, daß die voraussehbaren Risiken »im Vergleich zu dem voraussichtlichen Nutzen für die Versuchsperson oder andere« abzuschätzen sei.[16] Damit ist die fremdnützige Forschung angesprochen. Generell legt die Deklaration fest, daß die Sorge um die Belange der Versuchsperson »stets ausschlaggebend im Vergleich zu den Interessen der Wissenschaft und der Gesellschaft« und das Recht der Versuchsperson auf Wahrung ihrer Unversehrtheit und ihrer Privatsphäre zu achten sei.[17] Die »Wirkung für die körperliche und geistige Unversehrtheit sowie die Persönlichkeit der

[15] Abschnitt I, Nr. 4 (bei H.-M. Sass, a.a.O. [Anm. 14], S. 368).
[16] Abschnitt I, Nr. 5 (a.a.O. [Anm. 14], S. 368).
[17] Abschnitt I, Nr. 5 u. 6 (a.a.O. [Anm. 14], S. 368).

Versuchsperson sollte so gering wie möglich gehalten werden.«[18] Diese allgemeinen Grundsätze sollen auch für die Forschung an nicht zustimmungsfähigen Personen gelten. Die entsprechenden Bestimmungen der Helsinki-Tokyo-Deklaration regeln lediglich die Frage des »informed consent«, der durch den gesetzlichen Vertreter erteilt werden kann[19], schränken die Zulässigkeit biomedizinischer Forschung an nicht zustimmungsfähigen Personen aber nicht auf eigennützige Experimente ein. Lediglich für nicht-therapeutische biomedizinische Forschung ist vorgesehen, ausschließlich Freiwillige als Versuchspersonen zu akzeptieren.[20]

Vor dem Hintergrund der Helsinki-Tokyo-Deklaration läßt sich zugunsten der MRB argumentieren, daß sie sich darum bemüht, das Problem fremdnütziger Forschung an nichtzustimmungsfähigen Personen präziser zu regeln. Während die Helsinki-Tokyo-Deklaration solche Forschungen nicht explizit ausschließt und somit indirekt auf der Basis sehr allgemeiner ethischer Grundsätze für zulässig hält, versucht die MRB die Zulässigkeit solcher Forschungen in positiven, d.h. aber Grenzen ziehenden Bestimmungen zu fassen. Sollte dies die Intention der MRB sein, wäre diese aus ethischer Sicht durchaus diskutabel. Man könnte also argumentieren, daß die positiven Bestimmungen der MRB im Hinblick auf den Schutz der Menschenrechte von nicht zustimmungsfähigen Probanden einen Fortschritt darstellt.

Zuvor ist aber die Frage zu beantworten, ob fremdnützige Forschung an nicht zustimmungsfähigen Personen ethisch überhaupt vertretbar ist oder grundsätzlich in Widerspruch zum Gedanken der Menschenwürde steht, wie Kritiker der MRB argumentieren. Der wirksame Schutz der Personwürde einwilligungsunfähiger Personen stellt in mehrfacher Hinsicht ein Problem dar. Das gilt einerseits im Blick auf die an ihnen überhaupt zulässigen Handlungen, andererseits aber auch für die sinngemäße Anwendung des »informed consent« auf diesen Personenkreis. Die Frage, ob und unter welchen Bedingungen Forschungen an nicht zustimmungsfähigen Personen, die diesen nicht unmittelbar zugute kommen, zulässig sind, verdeutlicht einen Grundkonflikt, der sowohl in der Helsinki-Tokyo-Deklaration als auch in der Präambel der MRB aufscheint. So sehr der Schutz des Individuums und seiner Rechte im Vordergrund steht, wird doch eine Güterabwä-

[18] Abschnitt I, Nr. 6 (a.a.O. [Anm. 14], S. 368).

[19] Zum »informed consent« im Fall der Forschung an nicht voll geschäftsfähigen Personen siehe in der Helsinki-Tokyo-Deklaration Abschnitt I, Nr. 11 (bei H.-M. Sass, a.a.O. [Anm. 14], S. 369).

[20] Zur ethischen Beurteilung der Helsinki-Tokyo-Deklaration siehe auch *W. Schaupp*, Der ethische Gehalt der Helsinki-Deklaration. Eine historisch-systematische Untersuchung der Richtlinien des Weltärztebundes über biomedizinische Forschung am Menschen (Forum interdisziplinäre Ethik 7), Frankfurt a.M. u.a. 1993.

gung zwischen diesen und den Interessen der Forschung für zulässig gehalten. Wenn die MRB das Ziel formuliert, den Mißbrauch biomedizinischer Verfahren abzuwehren, wird die Frage ausgeblendet, ob nicht schon ihre Anwendung als solche unter Umständen eine Verletzung der Menschenwürde darstellen kann.

In der medizinethischen Diskussion ist nun aber in Einzelfragen strittig, ob die Würde und Integrität des Menschen durch bestimmte Handlungen oder Unterlassungen verletzt wird oder nicht. Das gilt beispielsweise für den Problembereich des medizinisch assistierten Sterbens bis hin zur aktiven freiwilligen Euthanasie oder auch für die fremdnützige Forschung an nicht zustimmungsfähigen Personen. Die ethische Frage lautet, inwiefern derartige Untersuchungen, auch wenn mit ihnen kein besonderes Risiko oder Schmerzen verbunden sein sollten, dem Gedanken der Menschenwürde widersprechen. In der medizinethischen Debatte wird die Frage gestellt, ob Menschen, die aufgrund von Bewußtseinsstörungen gar nicht mitbekommen, was mit ihnen geschieht, überhaupt in ihrer Würde verletzt werden können.[21] M.a.W. wird zur Diskussion gestellt, inwiefern das subjektive Bewußtsein der Demütigung eine notwendige Voraussetzung für eine objektive Demütigung und Mißachtung der Menschenwürde ist.

Nun soll eine begrenzte Indikation für Versuche, die für nichtzustimmungsfähige Personen keinen unmittelbaren Benefit haben, nicht gänzlich bestritten werden. Es gibt eine Reihe von Krankheitsbildern, bei denen es unmöglich ist, eine leidensmindernde oder lebensrettende Therapie zu entwickeln, ohne entsprechende Forschungen an Personen durchzuführen, die an der betreffenden Krankheit leiden. Dazu gehören nun gerade Demenzerkrankungen, zu deren Krankheitsbild der fortschreitende Verlust der Einwilligungsfähigkeit gehört.

Auch wird man nicht generell jedes Humanexperiment als Instrumentalisierung des Probanden beurteilen müssen, welche ethisch betrachtet die Würde der Person verletzt. So kann man durchaus bezweifeln, daß durch die Entnahme von Blut oder Gewebe zu Forschungszwekken die betroffene Person gänzlich instrumentalisiert, ihr Personsein daher in jedem Fall mißachtet wird.[22] Die zur Rechtfertigung solcher Eingriffe von J. Fischer vorgenommene Unterscheidung zwischen der Person und ihrer leib-seelischen Natur dürfte freilich im Fall neurologischer Untersuchungen kaum durchzuhalten sein. Punktionen in die Nervenzellen von Demenzkranken sind doch wohl als Eingriff in den Träger des zu untersuchenden Krankheitsbildes zu bewerten, die die Menschenwürde der Patienten zumindest tangiert.[23]

21 Vgl. *J. Fischer*, Mit Leib und Seele. Die praktische Evidenz der Personenwürde, EK 32, 1999, H.5, S. 49-51, hier S. 50; ders., a.a.O. (Anm. 6), S. 108ff.

22 So z.B. J. Fischer, a.a.O. (Anm. 21), S. 51.

23 Vgl. dazu H. v. Schubert, a.a.O. (Anm. 5), S. 144.

Allerdings ist zu bezweifeln, daß die Bindung solcher Eingriffe an die Zustimmung von Angehörigen oder eines Bevollmächtigten, der anstelle des einwilligungsunfähigen Probanden in dessen mutmaßlichem Sinne entscheidet, eine hinreichende Voraussetzung dafür ist, daß die Personwürde gewahrt bleibt. Rechtlich ungeklärt ist nach wie vor auch, welche Aussagekraft sogenannte Patientenverfügungen bzw. Patientenvollmachten haben können, die noch einwilligungsfähige Patienten für die absehbare Zeit ihrer mehr und mehr schwindenden Einwilligungsfähigkeit abfassen.[24] Die »Zentrale Kommission zur Wahrung ethischer Grundsätze in der Medizin und ihren Grenzgebieten« bei der deutschen Bundesärztekammer hält fremdnützige Forschung bei solchen Personen für ethisch vertretbar, die einmal einwilligungsfähig gewesen sind und bei denen über den gesetzlichen Vertreter ein tatsächlicher oder mutmaßlicher Wille festgestellt werden kann, nicht aber bei Kindern oder Menschen mit geistiger Behinderung, d.h. bei Personen, die in ihrem bisherigen Leben niemals voll zustimmungsfähig waren.[25] Zur Feststellung der Einwilligungsfähigkeit eines Menschen gibt es bislang allerdings keine allgemein anerkannte Forschungsmethodik.[26]

J. Fischer hält den tatsächlichen oder mutmaßlichen Willen der betroffenen Person als entscheidendes Kriterium für die ethische Zulässigkeit fremdnütziger Forschung für problematisch und hält solche Forschung an Kindern oder geistig Behinderten unter bestimmten Bedingungen für ethisch zulässig. Voraussetzung sei, daß die entscheidungsbefugte Person nicht nur die Personalität und spezifische Individualität der Testperson im Blick haben, sondern außerdem zur betroffenen Person »in sittlichen Bindungen« stünde. [27] Fischer denkt an Kinder und Eltern. Der Begriff der sittlichen Bindung ist allerdings ungenau. Ob neben direkter Blutsverwandtschaft auch an Ehe oder enge Freundschaft zu denken ist, bleibt bei Fischer offen. Aus Verwandtschaftsverhältnissen läßt sich aber keineswegs in jedem Fall auf Zuneigung und Fürsorgebereitschaft schließen. Da genau das Gegenteil der Fall sein kann, müßte also erst von dritter Seite überprüft werden, ob eine »sittliche Bindung« tatsächlich vorliegt oder nicht. Auch die von J. Fischer vorgeschlagene Begrenzung des stellvertretenden

[24] Siehe dazu *Chr. Kopetzki* (Hg.), Antizipierte Patientenverfügungen. »Patiententestament« und Stellvertretung in Gesundheitsangelegenheiten (Schriftenreihe Recht der Medizin 10), Wien 2000.

[25] »Zum Schutz nicht-einwilligungsfähiger Personen in der medizinischen Forschung«, Dt. Ärzteblatt 94, B 2194-2196 (1997); vgl. J. Fischer, a.a.O. (Anm. 6), S. 108f.

[26] Vgl. *H. Helmchen/H. Lauter* (Hg.), Dürfen Ärzte mit Demenzkranken forschen? Analyse des Problemfeldes Forschungsbedarf und Einwilligungsfähigkeit, Stuttgart 1995; in Anschluß daran J. Fischer, a.a.O. (Anm. 6), S. 122, Anm. 21.

[27] Vgl. J. Fischer, a.a.O. (Anm. 6), S. 110.

Zustimmungsrechtes bei fremdnütziger Forschung an nicht einwilligungsfähigen Personen auf Angehörige oder nahestehende Personen bietet daher keine hinreichende Gewähr für den Schutz der Interessen des Betroffenen. Abgesehen davon bleibt die Frage zu beantworten, inwiefern fremdnützige Forschung mit dem Wohl z.B. eines betroffenen Kindes zu vereinbaren ist. Das gelegentlich vorgebrachte Argument, ein gemeinschaftsnütziges Opfer sei pädagogisch wertvoll und insofern mit dem Kindeswohl vereinbar[28], ist schon insofern problematisch, als ein derartiges Opfer immer nur freiwillig erfolgen sollte, was in diesem Fall nicht zutrifft.

Vor allem aber müßten die Indikationen eingeschränkt und möglichst präzise geklärt werden. In der allgemeinen Diskussion werden folgende Forschungsbereiche genannt: »Entwicklung wirksamer Therapien zur Behandlung bösartiger Tumoren, die typischerweise nur im Kindesalter auftreten, Entwicklung von Impfstoffen für Kinder und von weniger belastenden diagnostischen Methoden«, ferner »Verbesserung von Maßnahmen der Intensiv- und Notfallmedizin etwa bei Schlaganfall- oder Unfallpatienten in Abhängigkeit vom therapeutischen Vorgehen«, außerdem »krankheitsbezogene Untersuchungen neu auftretender Infektionskrankheiten, wie beispielsweise bei Ebola-Virus, auch bei Patienten im fortgeschrittenen Stadium, die keinen unmittelbaren Nutzen mehr davon haben können«, und schließlich die Erforschung von Demenzerkrankungen.[29]

Eine Einschränkung der Indikation derartiger Forschungen unterbleibt in der MRB. Die Bestimmung in Art 17 (2), fremdnützige Forschung an nicht zustimmungsfähigen Personen sei indiziert, wenn sie Personen gleichen Alters, gleicher Störung *oder* gleichen Zustandes zugute komme, ist viel zu unbestimmt. Problematisch an dieser Bestimmung ist auch das »oder« anstelle eines »und«. Damit soll fremdnütziger Forschung offenbar ein möglichst großer Freiraum geschaffen werden. Erscheint die Ausweitung des Nutzens auf den genannten Personenkreis als fragwürdig, so gilt dies auch für die Regelung des »informed consent« bei nicht einwilligungsfähigen Personen. Art. 6 regelt, daß solche Personen im Fall medizinischer Interventionen soweit als möglich in das Einwilligungsverfahren einzubeziehen sind. Die Entscheidung für oder gegen den Eingriff trifft letztlich der gesetzliche Vertreter oder eine von der Rechtsordnung dafür vorgesehene Behörde. Wie bei einwilligungsfähigen Personen kann die Einwilligung auch bei einwilligungsunfähigen Patienten »im wohlverstandenen Interesse der betroffenen Person jederzeit widerrufen werden« (Art. 6 [5] MRB). Es fällt auf, daß diese Widerrufsmöglichkeit bei Forschungsvorhaben nur für einwilligungsfähige Personen vorgesehen ist (Art. 16

[28] Vgl. H. v. Schubert, a.a.O. (Anm. 5), S. 141.
[29] H. v. Schubert, a.a.O. (Anm. 5), S. 145.

v), nicht aber bei einwilligungsunfähigen Probanden. Ihre Widerspruchsmöglichkeit wird lediglich vor Beginn von Versuchen insoweit berücksichtigt, als neben der Einwilligung des gesetzlichen Vertreters vorauszusetzen ist, daß die betroffene Person nicht ablehnt (Art. 17 [1] v). Hier liegt eine Ungleichbehandlung vor, welche offenkundig das Ziel hat, den Zugriff der Forschung auf einwilligungsunfähige Testpersonen zu erleichtern. In der Praxis bedeutet dies eine erhebliche Erschwernis der Rücknahme einer einmal gegebenen Forschungszusage durch Dritte, möglicherweise auch den längeren Verbleib solcher Probanden in Untersuchungsreihen, selbst wenn schon Protest oder Widerwille geäußert wurde.

Aus ethischer Sicht problematisch ist auch die Bestimmung in Art. 17 (2) ii, wonach fremdnützige Forschung an einwilligungsunfähigen Personen dann zulässig sein soll, wenn sie für den Probanden »nur ein minimales Risiko und eine minimale Belastung« mit sich bringt. »Risiko« und »Belastung« sind nämlich dehnbare Wertbegriffe. Die MRB operiert mit der herkömmlichen Unterscheidung von Risiko und Sicherheit bzw. Benefit. Mit N. Luhmann ist aber zusätzlich zwischen Risiko und Gefahr zu unterscheiden.[30] Während Gefahren handlungstranszendente Kontingenzen sind, handelt es sich bei Risiken um die Folge menschlicher Handlungen. In seiner kulturellen Entwicklung hat sich der Mensch stets darum bemüht, unkalkulierbare, natürliche Gefahren zu reduzieren und in kalkulierbare Risiken zu überführen. Doch in der komplexen Gesellschaft können Risiken, welche einzelne Entscheidungsträger einzugehen bereit sind, für andere, die von ihren Entscheidungen betroffen sind, ohne selbst mitentscheiden zu können, zu unkalkulierbaren Gefahren werden. Dies ist auch bei der ethischen Beurteilung biomedizinischer Forschungsprojekte zu berücksichtigen. Wenn die Helsinki-Tokyo-Deklaration[31] oder auch die MRB in Artikel 16 (2) als ein Kriterium für die Zulässigkeit von Humanexperimenten formulieren, daß der zu erwartende Nutzen in einem angemessenen Verhältnis zum Risiko für die Versuchsperson steht, drängt sich die Frage auf, ob intendiert ist, daß eine vermeintlich größere Bedeutung des Versuchsziels das Eingehen eines größeren Risikos für die Versuchsperson rechtfertigt.

Wie der Begriff des Risikos ist auch der quantitative Begriff des Minimalen äußerst relativ. Die subjektive Wahrnehmung eines Betroffenen und die Einschätzung einer Belastung durch einen außenstehen-

[30] Siehe *N. Luhmann*, Soziologie des Risikos, Berlin/New York 1991. Zur Theorie des Risikos siehe auch *O. Rammstedt*, Art. Risiko, HWP 8, Basel 1992, Sp. 1045-1050; *N. Rescher*, Risk. A Philosophical Introduction to the Theory of Risk Evaluation and Management, Washington 1983.

[31] Helsinki-Tokyo-Deklaration, Abschnitt I, Nr.4 (bei H.-M. Sass, a.a.O. [Anm. 14], S. 368).

den Beobachter können erheblich divergieren. Einen Anhaltspunkt könnten Erläuterungen der zuständigen Fachgesellschaften geben[32], bei denen sich allerdings sogleich die Frage nach dem Verhältnis von Erkenntnis und Interesse stellt. Ob detaillierte Richtlinien hinreichend sind, um im Einzelfall beurteilen zu können, ob z.B. eine Punktion in die Nerven von Demenzkranken noch als Intervention mit minimalem Risiko und minimaler Belastung gelten kann, ist eine medizinethisch weiter zu diskutierende Frage.

Der Versuch der MRB, die Grenzen zulässiger fremdnütziger Forschung an nicht zustimmungsfähigen Personen präziser als die Helsinki-Tokyo-Deklaration zu bestimmen, ist aus ethischer Sicht durchaus zu begrüßen. Es ist jedoch zu befürchten, daß das Ziel eines wirksamen Rechtsschutzes in der Praxis verfehlt wird. Die vagen Formulierungen der MRB könnten sich sogar dahingehend auswirken, daß, entgegen der Bestimmung von Art. 2, Forschungsinteressen über den Schutz der Menschenwürde gestellt werden. Solange diese Gefahr nicht ausgeschlossen ist, bleibt jede fremdnützige Forschung an nicht zustimmungsfähigen Personen ethisch fragwürdig.

32 Vgl. H. v. Schubert, a.a.O. (Anm. 5), S. 143.

10 Reparaturversuche am Gehirn
Ethische Probleme der Transplantationsmedizin auf dem Gebiet der Hirnchirurgie

10.1 Transplantation von Hirngewebe

Die Transplantationsmedizin gehört gegenwärtig zu den besonders umstrittenen Gebieten medizinischen Fortschritts. Während Befürworter ihren Ausbau fordern, weil so Menschenleben gerettet werden können, für die es keine andere Hilfe gibt, sehen Kritiker die Würde und Persönlichkeitsrechte von Menschen, vor allem der potentiellen Organspender, bedroht.

Für neue Kontroversen sorgt die transplantationsmedizinische Entwicklung auf dem Gebiet der Neurochirurgie. Wenn auch die Verpflanzung des gesamten Gehirns derzeit kein Thema seriöser Forschung ist und nach wie vor in den Bereich des Gruselromans verwiesen wird, so ist die Transplantation von Hirngewebe längst keine Utopie mehr. Weltweit ist bereits über 200 Personen fremdes Hirngewebe implantiert worden, das von abgetriebenen Föten stammte. Steht die Transplantationsmedizin auf dem Gebiet der Neurochirurgie vor einem revolutionären Durchbruch, oder öffnet sie die Tür zum Schreckenskabinett des Dr. Frankenstein?

Erklärtes Ziel der Forschung ist nicht die Schaffung künstlicher Menschen, sondern die Bekämpfung oder zumindest Linderung neurologischer Krankheiten wie Parkinson, Alzheimer, Chorea Huntington und Multipler Sklerose. Die Forschung konzentriert sich auf die Parkinson-Erkrankung, hofft aber auch bei anderen Krankheitsbildern auf medizinische Fortschritte. Die europäische Forschung wird in einem 1990 gegründeten Netzwerk koordiniert, dem NECTAR (Network of European Central Nervous System Transplantation and Restoration) und aus Mitteln der Europäischen Union gefördert. Auch in Deutschland wird auf dem Gebiet der Fetalgewebetransplantation geforscht.

Die neue Transplantationstechnik besteht darin, vermehrungsfähige Zellen nicht mehr lebensfähiger Föten in das Gehirn der Patienten zu injizieren, wobei für eine einzige Behandlung mehrere Föten erforderlich sind, die am selben Tag abgetrieben wurden. Das injizierte Transplantat soll an geeigneter Stelle anwachsen und sich vermehren, um durch die Produktion bestimmter chemischer Substanzen, sogenannter Transmitter, für eine Verbesserung der Interaktion der Hirnzellen zu sorgen und so zumindest einige Symptome von Krankheiten wie Parkinson zu unterbinden.

10.2 Der Mensch und sein Gehirn

Das neue Verfahren wirft eine Reihe ethischer Fragen auf. Es sind zum Teil dieselben, welche sich auf anderen Gebieten der Transplantationsmedizin stellen.[1] Eine besondere Problemlage besteht aber insofern, als das Gehirn nicht nur die lebensnotwendigen vegetativen Körperfunktionen steuert, sondern auch das Verhaltenszentrum und die organische Basis menschlichen Bewußtseins und somit das leibliche Medium der menschlichen Persönlichkeit darstellt.[2]

Anders als die Nieren, die Leber oder das Herz ist das Gehirn nicht durch fremde oder künstliche Organe zu ersetzen, was ein Gedankenexperiment einsichtig macht. Selbst wenn die theoretische Möglichkeit einer Hirntransplantation bestünde – die sich schon allein deshalb verböte, weil zu ihrem Zweck ein anderer Mensch getötet werden müßte –, wäre dies keine geeignete therapeutische Maßnahme zur Rettung eines Menschenlebens, sondern ein Verfahren der künstlichen Menschenproduktion. Denn trotz der Fortexistenz des restlichen Körpers könnte nicht mehr von der Identität des nach einer Hirntransplantation vorhandenen Menschen mit dem bisherigen gesprochen werden, weil dieser aufgrund der faktischen Identität von Hirntod und Individualtod nicht mehr am Leben wäre. Würde aber der gesamte Kopf eines Menschen auf einen fremden Rumpf transplantiert, so wäre auch diese Operation m.E. als Schaffung eines neuen Individuums zu betrachten, es sei denn, man wollte im Ernst die Identität und Personalität eines Menschen ausschließlich über seinen Kopf definieren, so daß der Mensch existierte, solange allein sein Kopf am Leben erhalten bliebe – eine perverse Vorstellung.

Das Gedankenexperiment markiert nicht etwa nur die moralischen, sondern auch die ontologischen Grenzen der Hirnforschung und Neurochirurgie. Sie lassen sich freilich nicht allein medizinisch bestim-

[1] Siehe dazu: Gehirntod und Organtransplantation als Anfrage an unser Menschenbild. Mit Beiträgen von *H. Angstwurm, Chr. Frey, H. Grewel* u.a. (BThZ, Beih. 1995), Berlin 1995; *K.P. Jörns*, Gibt es ein Recht auf Organtransplantation?, Göttingen 1993; *S. Krahe*, Transplantation: Spenden und Empfangen. Thesen, Texte und Anregungen für das Gespräch über Organtransplantationen, Bielefeld 1995; *R. Toellner* (Hg.), Organtransplantation – Beiträge zu ethischen und juristischen Fragen (Medizin – Ethik 3), Stuttgart/New York 1991.

[2] Siehe dazu *D.B. Linke*, Hirnverpflanzung. Die erste Unsterblichkeit auf Erden, Reinbek 1993.

men, sondern bestehen aufgrund anthropologischer Prämissen, die philosophisch und theologisch zu diskutieren sind. Zur Debatte stehen nicht nur das Verhältnis von Bewußtsein, Geist und Gehirn und die davon zu unterscheidende Leib-Seele-Problematik, sondern auch der Begriff des Menschen sowie die Begriffe Person, Selbst, Subjekt und Identität. Ihr Bezug zu biologischen Gegebenheiten läßt sich nur im Rahmen einer allgemeinen Anthropologie bestimmen. Die gegenwärtige Kontroverse um die Hirntoddefinition wie um neue Techniken der Hirntherapie zeigen allerdings, daß eine Intensivierung des interdisziplinären Gespräches über grundlegende Fragen der Anthropologie dringend erforderlich ist.

10.3 Risiken der Neurotransplantation

Eines der medizinischen wie ethischen Hauptprobleme der Hirnforschung besteht in der Frage, wo die Grenze zwischen der Therapie und der persönlichkeitsverändernden Manipulation des Gehirns bis hin zur Persönlichkeitszerstörung verläuft. Diese Grundsatzfrage wird freilich nicht erst durch die neuen Techniken der Transplantationsmedizin aufgeworfen. Sie bestehen schon längst auf dem Feld der sogenannten Psychochirurgie, worunter neurochirurgische Eingriffe zur Beeinflussung psychiatrischer Symptome zu verstehen sind, aber auch auf dem Gebiet der Pharmakotherapie.

Für alle Bereiche der Hirnforschung und -therapie hat als Grundsatz zu gelten, daß die Würde und Unversehrtheit der individuellen Person, zu der konstitutiv ihre Unvollkommenheit gehört, unantastbar ist. Persönlichkeitsverändernde medizinische Maßnahmen müssen daher in jedem Fall abgelehnt werden, selbst wenn sie wünschenswerte Folgen für den Patienten haben sollten. Eine Therapie, die nur um den Preis erfolgreich ist, daß sie zerstört, was sie heilen soll, führt sich selbst ad absurdum.

Mit gutem Grund wird daher die Psychochirurgie in Deutschland, Österreich und vielen anderen Ländern abgelehnt. Nun tritt auch diese in eine neue Phase. 1990 wurde in Tschechien erstmals Schizophrenen fetales Hirngewebe eingepflanzt.

Die gleiche Zurückhaltung wie gegenüber der Psychochirurgie in allen Varianten ist gegenüber der neurochirurgischen Transplantationsmedizin angebracht. Äußerste Vorsicht gebietet allein schon das noch völlig unkalkulierbare gesundheitliche Risiko für die Patienten. Zwar ließen sich bei einigen der bislang mit fetalem Hirngewebe behandelten Parkinson-Patienten geringfügige Verbesserungen der Bewegungsmöglichkeiten erzielen, doch zeigten sich in anderen Fällen keine Veränderungen. Dafür sind einige Patienten an den Folgen der Operation gestorben.

Nicht abgeklärt ist bislang auch das Risiko etwaiger Nebenwirkungen, die zu einer Veränderung der Persönlichkeit führen könnten. Da Parkinson schon im Frühstadium zu kognitiven Beeinträchtigungen führt, halten es manche Neurologen für denkbar, daß die bei dieser Krankheit betroffenen motorischen Zentren an geistigen Prozessen beteiligt sind. Ein operativer Eingriff in diese Hirnregionen beeinflußt daher möglicherweise auch die kognitiven Verhaltensmuster.
Die Befürworter von Fetalgewebetransplantationen glauben zwar persönlichkeitsverändernde Wirkungen ausschließen zu können, doch ist die Zahl der durchgeführten Operationen bislang viel zu gering, um diese Frage zuverlässig beantworten zu können. Da die Resultate von Tierversuchen auf den Menschen, wo es um die Identität der Persönlichkeit geht, naturgemäß nicht oder kaum übertragbar sind, ließen sich gesicherte Erkenntnisse nur durch eine Erhöhung der Operationszahlen bei Menschen und durch Langzeitstudien gewinnen.
Zuvor wäre allerdings zu prüfen, inwieweit eine Ausweitung der Transplantationsversuche mit den Deklarationen von Helsinki, Tokyo und Hawaii zur Durchführung von Humanexperimenten vereinbar ist. Die Richtlinien der Helsinki-Deklaration für das »Good Clinical Practise« (GCP) fordern unter anderem die vollständige Aufklärung und freiwillige Einwilligung der Patienten. Nun wird die Behandlung mit fetalem Hirngewebe nicht nur an Parkinson-Patienten erprobt, sondern inzwischen auch zur Therapie von Chorea Huntington und der Alzheimerschen Krankheit erwogen. An diesen Erkrankungen leidende Patienten sind aber ab einem bestimmten Zeitpunkt nicht mehr voll geschäftsfähig.

10.4 Neurochirurgie und Embryonenschutz

Bei der ethischen Beurteilung von Hirngewebetransplantationen spielt ferner der Umstand eine wichtige Rolle, daß sich nur das Gewebe von Embryonen oder Föten eignet, weil einzig deren Nervenzellen noch vermehrungsfähig sind. Der neurochirurgische Fortschritt wirft also neue Probleme für den Embryonenschutz im Zusammenhang mit der Abtreibungspraxis auf.
Nach Ansicht namhafter Ethiker gilt die Verwendung von fetalem Gewebe solange als unbedenklich, solange weder der Schwangerschaftsabbruch noch erst recht nicht die Zeugung zum Zweck einer späteren medizinischen Nutzung des Fötus erfolgt sind.
Diese Argumentation ist freilich in der Praxis nicht weniger problematisch wie die strittige Regelung in der europäischen Biomedizin-Konvention, wonach bei der In-vitro-Fertilisation anfallende überzählige Embryonen in einem begrenzten Zeitraum zu Forschungszwecken genutzt werden dürfen, solange ihre Herstellung nicht von

vornherein in der Absicht ihrer wissenschaftlichen Nutzung geschieht. Dieser Passus des Entwurfes hat berechtigte Kritik und Empörung ausgelöst, weil er in der Praxis der Embryonenforschung Tür und Tor öffnet.

Auch die Verwendung von Föten als Heilmittel ist als ethisch bedenklich einzustufen. Denn sobald Abtreibungen einen für die Transplantationsmedizin durchaus wünschenswerten Nebeneffekt haben, wird der utilitaristischen Rechtfertigung von Schwangerschaftsabbrüchen Vorschub geleistet. Durch die medizinische Verwertung von Föten wird der Tötung ungeborenen Lebens ein altruistischer Sinn verliehen, was die gesellschaftliche Akzeptanz der beklagenswerten Höhe von Schwangerschaftsabbrüchen weiter fördert. Gleichzeitig drohen die betroffenen Frauen zu Rohstofflieferanten degradiert zu werden.[3] Für den internationalen Organhandel könnte sich eine neue Marktlücke öffnen.

Ob sich sowohl der Schutz des ungeborenen Lebens als auch die Entscheidungsfreiheit der Frauen durch eine Informationslösung hinreichend sichern lassen, ist nicht nur eine ethisch, sondern auch juristisch offene Frage. Demnach wären zur Abtreibung entschlossene Frauen lediglich nach dem auch für die rechtliche Regelung der Organspende diskutierten Modell der Informationslösung zu fragen, ob sie mit der Verwendung des Fötus für therapeutische Zwecke einverstanden sind. Diese dürfte dann auch ohne ausdrückliche Zustimmung erfolgen, falls die betroffenen Frauen keinen Widerspruch einlegen. Sollte in dem derzeit zur Entscheidung anstehenden Entwurf eines Transplantationsgesetzes für die Bundesrepublik Deutschland nicht die Informations-, sondern eine Variante der Zustimmungslösung zum Zuge kommen, wäre dies auch für die Frage des Umgangs mit abgetriebenen Föten von Belang. Umgekehrt leistet die Verwendung von fetalem Hirngewebe der Aushöhlung des sonst für die Organentnahme strikt geltenden Hirntodkriteriums Vorschub, weil die Gewebsentnahme schlicht eine Vivisektion des Fötus ist.

Zu erörtern sind schließlich die möglichen Auswirkungen auf die Abtreibungspraxis. Wie bereits dargestellt, werden für einen Transplantationsversuch mit fetalem Hirngewebe mehrere zeitgleich abgetriebene Föten benötigt. Außerdem müssen die Föten vor dem Eingriff auf ihre Verwendungsfähigkeit untersucht werden. Welche psychischen und physischen Auswirkungen dies auf die betroffenen Frauen hat, bedarf einer eingehenden Diskussion.

Faßt man die vorgetragenen Überlegungen zusammen, so besteht kein Grund zur generellen Tabuisierung oder Dämonisierung der Hirnforschung. Gleichwohl ist die Entwicklung auf dem Gebiet der neurochirurgischen Transplantationsmedizin alles andere als unbedenklich.

3 Vgl. *I. Schneider*, Föten. Der neue medizinische Rohstoff, Frankfurt a.M. 1995.

Beim gegenwärtigen Stand der Diskussion kann ihre Ausweitung daher keinesfalls befürwortet werden.

11 Was heißt menschenwürdig sterben? Das Menschenbild in der Diskussion zur Sterbehilfe

11.1 Das medizinisch assistierte Sterben

Die Diskussion darüber, was menschenwürdiges Sterben bedeutet, wird gegenwärtig nicht nur in Fachkreisen, sondern auch in der Öffentlichkeit bis in den Bereich der Gesetzgebung hinein intensiv geführt. Auch auf gesamteuropäischer Ebene steht das Thema auf der Tagesordnung. Im Sommer 1999 verabschiedete die Parlamentarische Versammlung des Europarates eine Empfehlung zum Schutz der Menschenrechte und der Menschenwürde von Todkranken und Sterbenden.[1] Im Zentrum dieses Dokumentes steht die Frage, wie weit das Recht auf Selbstbestimmung, das auch in der letzten Lebensphase gilt, reicht und inwiefern es durch das Recht auf Leben, welches das Verbot jeder absichtlichen Tötung einschließt (Artikel 2 der Europäischen Menschenrechtskonvention), begrenzt wird. Während der Europarat die Legalisierung der Tötung auf Verlangen, also der freiwilligen Euthanasie mit den Menschenrechten für unvereinbar hält, gibt es in den Niederlanden eine Initiative zu einer weiteren Liberalisierung der Strafrechtsbestimmungen zur Euthanasie. Nimmt man die Debatte in Nordamerika und Australien hinzu, so werden nicht nur kulturelle und rechtliche Unterschiede deutlich, sondern auch innerhalb der Medizin, der Philosophie und der Rechtswissenschaft, aber auch der Theologie werden in der Frage der freiwilligen Euthanasie oder des medizinisch assistierten Suizids abweichende Positionen vertreten.
Umso dringlicher ist es, daß sich die Kirchen mit den anstehenden Fragen offensiv auseinandersetzen. Die allseits erhobene Forderung, die Einheit Europas nicht nur als wirtschaftliche oder politische, sondern auch als kulturelle Herausforderung zu begreifen, ist auf dem Gebiet der medizinischen Ethik besonders drängend. Europa steht auf der Tagesordnung der Sozialethik, genauer gesagt einer Ethik des Po-

[1] Protection of the human rights and dignity of the terminally ill and the dying (Recommendation 1418 [1999]).

litischen, für die nationalstaatliche Kategorien längst zu eng geworden sind. Nicht nur die durch die Globalisierung ausgelösten ökonomischen Umwälzungen, sondern auch die rasanten Entwicklungen im Bereich der Medizin, insbesondere der Biomedizin und der Genetik, müssen von der Theologie und den Kirchen als eine gesamteuropäische Herausforderung begriffen werden. Es genügt nicht mehr, wenn sich einzelne Landeskirchen und diakonische Einrichtungen zu Wort melden. Es reicht auch nicht, die ökumenische Zusammenarbeit auf regionaler oder nationaler Ebene zu intensivieren, so begrüßenswert dies ist. So hat im Januar 2000 der Ökumenische Rat der Kirchen in Österreich eine gemeinsame Erklärung zum menschenwürdigen Sterben veröffentlicht.[2] Gesamteuropäische Themen und Entwicklungen verlangen jedoch auch auf europäischer Ebene eine ökumenische Antwort. Medizinische Ethik ist in zunehmendem Maße eine Aufgabe der Politikberatung und des politischen Lobbyings. Will christliche Ethik in den politischen Bereich hinein wirken, so muß sie nicht nur ökumenischer, sondern auch politischer werden.

Während über die Ratifizierung der Menschenrechtskonvention des Europarates zur Biomedizin – von ihren Kritikern fälschlich immer noch als »Bioethikkonvention« bezeichnet – in kirchlichen Kreisen Deutschlands gegenwärtig intensiv diskutiert wird, hat die erwähnte Empfehlung des Europarates zum Schutz der Menschenrechte von Todkranken und Sterbenden bislang kaum Beachtung gefunden. Dabei verdient sie schon deshalb besondere Aufmerksamkeit, weil dieses Thema in der Biomedizinkonvention gar nicht behandelt wird.

Die Probleme des medizinisch assistierten Sterbens haben keine geringere Sprengkraft als diejenigen der Biomedizin. Mit Ausnahme von Unfallopfern, Gewaltverbrechen oder unvorhersehbaren natürlichen Todesfällen befinden sich die meisten Sterbenden in ärztlicher Behandlung. Ein Großteil von ihnen stirbt im Krankenhaus. Das durch medizinische Interventionen begleitete Sterben ist also in der westlichen Welt der Regelfall. Daher wäre es völlig verfehlt, in den Debatten über Sterbehilfe und Euthanasie nur Indizien eines Verfalls kultureller Standards und moralischer Werte erblicken zu wollen. Es ist vielmehr notwendig zu prüfen, wie weit die Anwendung des heutigen Potentials medizinischer Möglichkeiten in bestimmten Situationen überhaupt sinnvoll ist und wo die humanen Grenzen der modernen Medizin liegen.[3]

[2] Erklärung des Ökumenischen Rates der Kirchen in Österreich zum menschenwürdigen Sterben, 14.1.2000.

[3] Zur interdisziplinären Fachdisukssion siehe *A. Holderegger* (Hg.), Das medizinisch assistierte Sterben. Zur Sterbehilfe aus medizinischer, ethischer, juristischer und theologischer Sicht (Studien zur theol. Ethik 80), Freiburg, Schweiz/Freiburg i.Br. 1999.

Hierbei besteht ein Konflikt zwischen dem Selbstbestimmungsrecht des Patienten, der Fürsorgepflicht des Arztes und dem Menschenrecht auf Leben, aus welchem das gesetzlich verankerte Verbot jeder absichtlichen Tötung folgt. Widersprochen werden muß aber der häufig geäußerten Ansicht, die Fortschritte der modernen Medizin, insbesondere der Intensivmedizin, machten das Problem der Euthanasie besonders drängend. Etliche Hauptargumente ihrer Befürworter sind seit der Antike hinlänglich bekannt und resultieren nicht aus neuen medizinisch-technischen Entwicklungen, sondern aus einem der christlichen Anthropologie widersprechenden Menschenbild. Die Fortschritte der Intensivmedizin sind allenfalls der Anlaß, nicht aber der eigentliche Grund für die neue Euthanasiedebatte. Im Gegenteil müßte man argumentieren, daß in Zeiten, in denen die Möglichkeiten einer wirksamen Therapie oder auch der Schmerzbekämpfung gar nicht oder nur in geringem Maße gegeben waren, viel eher als heute Anlaß bestanden hätte, schweres Leiden als Begründung für die Tötung auf Verlangen zu akzeptieren. Die Frage aber, welches Leiden als sinnlos oder sinnvoll empfunden wird, ist kein Problem des medizinischen Fortschritts, sondern der religiösen oder weltanschaulichen Einstellung und der persönlichen Lebensumstände.

Gleiches gilt für die Diskussion um die ethische Relevanz der Unterscheidung zwischen Tun und Unterlassen.[4] Die Argumente, mit denen ethisch und rechtlich für die Legalisierung der freiwilligen Euthanasie oder auch der ärztlichen Beihilfe zum Suizid plädiert wird, zeigen, daß sich keineswegs nur der medizinisch-technische, sondern auch der geistesgeschichtliche Kontext verändert hat. Davon bleibt auch das ärztliche Standesethos nicht unberührt. Der gesellschaftliche Pluralismus zieht einen Pluralismus von Moral und Ethik nach sich, der die medizinethische, aber auch die politische und juristische Konsenssuche erheblich erschwert. Um so schwieriger wird es, im ethischen Diskurs dezidiert theologisch zu argumentieren.[5] Das trifft z.B. auf die Maxime der Unantastbarkeit nicht nur fremden, sondern auch des eigenen Lebens zu, die aus der Gottebenbildlichkeit als theologischer Bestimmung der menschlichen Würde folgt und auch unter den Begriffen »Unverfügbarkeit« oder »Heiligkeit« menschlichen Lebens diskutiert wird. Trotz der in den vergangenen Jahren geleisteten theologischen Denkarbeit läßt sich die Idee, daß die Verdanktheit des ei-

4 Siehe dazu *D. Birnbacher*, Tun und Unterlassen, Stuttgart 1995; *W. Wolbert*, Ist der Unterschied zwischen Töten und Sterbenlassen noch sinnvoll?, in: A. Holderegger (Hg.), a.a.O. (Anm. 3), 56-75.

5 Vgl. dazu *U. Körtner*, Bedenken, daß wir sterben müssen. Sterben und Tod in Theologie und medizinischer Ethik (BsR 1147), München 1996; *ders.*, Wie lange noch, wie lange? Über das Böse, Leid und Tod, Neukirchen-Vluyn 1998.

genen Lebens die menschliche Autonomie sowohl begründet als auch sittlich begrenzt, nur schwer vermitteln.

11.2 Die Einsamkeit der Sterbenden

Es bleibt aber die Aufgabe der Kirchen, für eine Kultur der Solidarität mit den Sterbenden einzutreten und die hinter der gegenwärtigen Euthanasiediskussion erkennbare Tendenz zur Individualisierung des Leidens und der Entsolidarisierung zu kritisieren. Das größte gesellschaftliche Problem ist nicht die medizinische Überversorgung, sondern die Einsamkeit der Sterbenden, die der Soziologe Norbert Elias eindrücklich beschrieben hat.[6]
Das eigene Sterben und der Tod von Angehörigen wird in der Gesellschaft vielfach verdrängt und ist mit großen Ängsten belastet, mit denen sich die Menschen alleingelassen fühlen: mit der Angst, unerträgliche Schmerzen erleiden zu müssen; mit der Angst, den Angehörigen und der Gesellschaft zur Last zu fallen; mit der Angst, im Sterben alleingelassen zu werden; mit der Angst, ausgeliefert zu sein und der Würde beraubt zu werden; mit der Angst, auch gegen den eigenen Willen unnötig lange am Leben erhalten zu werden, was keiner Lebens-, sondern einer Sterbeverlängerung gleichkommt; mit der Angst, daß das Leben fahrlässig verkürzt wird durch mangelnde medizinische und pflegerische Hilfe oder gar durch vorsätzliche Tötung. Die gesellschaftliche Aufgabe besteht darin, der Einsamkeit der Sterbenden entgegenzuwirken und eine neue Kultur der Solidarität mit den Sterbenden zu entwickeln.

11.3 Autonomie am Lebensende

Angelpunkt der Diskussion über menschenwürdiges Sterben ist das Verständnis der Autonomie des Menschen. Auch nach Ansicht der heutigen Theologie gehört das Recht auf Selbstbestimmung unbestritten zur Würde des Menschen. Dieses Recht ist aber ethisch begründet und begrenzt. Daher darf das Prinzip der Autonomie nicht verabsolutiert werden, sondern schließt die Verantwortung für sich und andere ein. Auch nimmt ein abstrakter Autonomiebegriff die besondere Hilfs- und Schutzbedürftigkeit von Schwerkranken und Sterbenden nicht wahr. Es ist nicht nur aus theologischer Sicht, sondern auch philosophisch betrachtet höchst problematisch, die Würde des Menschen an ein abstraktes Autonomiekonzept zu binden, das Indivi-

[6] Vgl. *N. Elias*, Über die Einsamkeit der Sterbenden in unseren Tagen, Frankfurt a.M. [7]1991.

dualität mit Autarkie und völliger Unabhängigkeit verwechselt und umgekehrt jede Form der Abhängigkeit, der Hilfsbedürftigkeit und Angewiesenheit auf andere als narzißtische Kränkung erlebt. Ein solches Autonomieverständnis aber führt dazu, Leiden und Schwäche als menschenunwürdig zu betrachten und nur ein abstrakt selbstbestimmtes Sterben als menschenwürdig zu akzeptieren. Christlicherseits ist dagegen geltend zu machen, daß die Würde des Menschen darin besteht, daß Gott in den Schwachen mächtig ist und daß gerade die Leidensfähigkeit wie die Liebesfähigkeit den Menschen auszeichnet.

Grundsätzlich ist das Selbstbestimmungsrecht von Schwerkranken und Sterbenden zu stärken, sofern es nicht gegen das aus dem Recht auf Leben abgeleitete Tötungsverbot ausgespielt wird. Zu begrüßen ist daher die gemeinsame Stellungnahme von EKD, Deutscher Bischofskonferenz und der Arbeitsgemeinschaft christlicher Kirchen aus dem Jahr 1999 zu den sogenannten Patientenverfügungen. Persönliche Überzeugungen und Werthaltungen von Patienten sind zu achten und der ausdrückliche Wille eines Menschen, was seine medizinische Behandlung betrifft, zu respektieren. Gegen seinen ausdrücklichen Willen darf niemandem, der entscheidungsfähig ist, eine medizinische Behandlung aufgezwungen werden. Auch sind sogenannte Patientenverfügungen, d.h. Willenserklärungen, in denen jemand bereits zu einem früheren Zeitpunkt für den Fall seiner Entscheidungsunfähigkeit als Sterbender bestimmte medizinische, lebensverlängernde Maßnahmen ablehnt, innerhalb ethischer Grenzen voll zu respektieren. Das gleiche gilt für Vorsorgemaßnahmen, in denen jemand für eine solche Situation eine Vertrauensperson zur Entscheidung benennt.

Die Fürsorge- oder Garantenpflicht des Arztes und seine Verantwortung für den Einsatz medizinisch sinnvoller Mittel bleiben allerdings bestehen. Das Autonomieprinzip bedeutet keinesfalls, daß der Arzt auf unethische Forderungen eines Patienten oder seiner Vertrauensperson einzugehen hätte. In diesem Zusammenhang sollte gesehen werden, wie sehr gerade Ärzte und Pflegende, wie überhaupt alle, die Sterbende begleiten, auf Unterstützung und öffentliche Solidarität, aber auch auf qualifizierte medizinethische Aus- und Fortbildung angewiesen sind.

11.4 Palliativmedizin

Eine besonders dringliche Aufgabe sind der Ausbau und die Förderung der Palliativmedizin.[7] Deren Zielsetzung ist es, die physischen, psychischen und sozialen Leiden von Sterbenden zu lindern und spi-

[7] Siehe dazu *S. Husebø/E.Klaschik*, Palliativmedizin. Praktische Einführung in Schmerztherapie, Ethik und Kommunikation, Berlin/Heidelberg/New York 1998.

rituellen Beistand zu leisten. Ausgangspunkt ist eine wirksame Schmerzbekämpfung, welche nicht nur die physische, sondern auch die psychische Situation von Sterbenden und ihren Angehörigen entscheidend verbessert. Selbst wenn durch schmerzstillende Maßnahmen eine Lebensverkürzung möglicherweise in Kauf genommen wird, ist dies kein Grund, die Schmerzstillung zu unterlassen. Die Palliativmedizin hat wissenschaftlich mittlerweile einen sehr hohen Standard erreicht, der jedoch leider viel zu wenig in die Praxis umgesetzt wird. Nicht nur auf dem Gebiet der Anwendung, sondern auch der Ausbildung sind Verbesserungen gefordert. Modellhaft ist die Palliativmedizin in der Hospizbewegung, die sich aus christlichen Wurzeln speist, verwirklicht. Notwendig ist aber, die palliativmedizinische Versorgung der Bevölkerung flächendeckend zu verbessern. Nicht nur sollte in Krankenhäusern und Pflegeheimen personell, räumlich und einrichtungsmäßig für eine würdevolle Sterbebegleitung, sondern auch im Bereich der häuslichen Krankenpflege für entsprechende Möglichkeiten gesorgt werden. Gerade so wird die Einsamkeit der Sterbenden am wirksamsten bekämpft.

Zur Annahme des Lebens gehört auch der Respekt vor der Tatsache, daß das Leben endlich ist und irgendwann unwiderruflich an sein Ende kommt. Daher ist dem Sterben Raum und Zeit zu geben und die Begrenztheit ärztlicher Handlungsmöglichkeiten zu akzeptieren. Handlungen, die den Sterbeprozeß eines Menschen unnötig verlängern, anstatt das Sterben zuzulassen, sind daher abzulehnen. Abzulehnen sind aber auch Handlungen und Entscheidungen, die direkt und vorsätzlich die Beendigung des Lebens zum Ziel haben. Die Möglichkeiten, das Leiden zu bekämpfen, finden ihre Grenze dort, wo dies nur um den Preis gelänge, das Subjekt des Leidens, den Sterbenden, auszulöschen. Die Zubilligung einer solchen Handlungsweise hätte für das Ethos der Ärzte und der Heilberufe unabsehbare Folgen. Das Beispiel der Niederlande darf in Europa nicht Schule machen. Was Sterbende brauchen, ist unsere Solidarität, nicht die todbringende Spritze.

Nachweise

1: Erstveröffentlichung in: Info-dienst bio-ethik 2/99, hg. v. aktion leben österreich, S. 29-39.

2: Erstveröffentlichung in: Life Sciences in Österreich, Workshop Wien, 21.-22.10.1999, Summary, Austrian Research Centers, Seibersdorf 1999, S. 19-24.

3: Erstfassung (ohne Fußnoten) veröffentlicht unter dem Titel »Mysterium Mensch. Die christliche Ethik duldet keine ›Anthropotechnik‹« in: Evangelische Kommentare 33, 2000, H. 3, S. 7-10.

4: Vortrag auf der 4. Fachtagung der Kaiserswerther Generalkonferenz »An den Grenzen des Lebens – an den Grenzen der Verantwortung?«, die vom 5.-8.10.1999 in Gallneukirchen stattfand. Erstveröffentlichung in: Zeitschrift für medizinische Ethik 45, 1999, S. 303-317.

5: Erstveröffentlichung in: Recht der Medizin 3, 1996, S. 43-45.

6: Erstveröffentlichung in: Chr. Schneider-Harpprecht (Hg.), Zukunftsperspektiven für Seelsorge und Beratung, Neukirchen-Vluyn 2000, S. 87-104.

7: Erstveröffentlichung in: Zeitschrift für Evangelische Ethik 39, 1995, S. 26-42. Der Text wurde geringfügig verändert.

8: Erstveröffentlichung (ohne Fußnoten) in: Die Zeichen der Zeit/Lutherische Monatshefte 1, 1998, H. 12, S. 23-26.

9: Erstveröffentlichung unter dem Titel »Reparaturversuche am Gehirn. Ethische Probleme der Transplantationsmedizin auf dem Gebiet der Hirnchirurgie« in: Lutherische Monatshefte 34, 1995, H. 10, S. 10-11.

10: Unveröffentlicht. Vortrag beim Symposium »Forschung an nicht zustimmungsfähigen Personen«, das vom Institut für Ethik und Recht in der Medizin und der Zeitschrift »Recht der Medizin« am 31.3.2000 in Wien veranstaltet wurde.

11: Erstveröffentlichung in: Amt und Gemeinde 51, 2000, S. 93-95.

Weiterführende Literatur

Altner, G.: Naturvergessenheit. Grundlagen einer umfassenden Bioethik, Darmstadt 1991

-: Über Leben. Von der Kraft der Furcht, Düsseldorf 1992

Altner, G. (Hg.): Ökologische Theologie. Perspektiven zur Orientierung, Stuttgart 1989

Amelung, E. (Hg.): Ethisches Denken in der Medizin. Ein Lehrbuch, Berlin u.a. 1992

Auer, A.: Umweltethik. Ein theologischer Beitrag zur ökologischen Diskussion, Düsseldorf 1984

Bayertz, K. (Hg.): Ökologische Ethik, München/Zürich 1988

Beauchamp, T.L. / Childress, J.F. (Hg.): Principles of Biomedical Ethics, Oxford [4]1994

Bioethik in den USA. Methoden, Themen, Positionen. Mit besonderer Berücksichtigung der Problemstellung in der BRD, hg. v. H.-M. Sass, 1988

Bioethische Probleme. Moraltheologisches Jahrbuch 1, hg. v. V. Eid, Mainz 1989

Birnbacher, D. (Hg.): Ökologie und Ethik, Stuttgart [2]1986

Daele, W. van den: Mensch nach Maß? Ethische Probleme der Genmanipulation und Gentherapie, München 1985

Das Leben achten. Maßstäbe für Gentechnik und Fortpflanzungsmedizin. Beiträge aus der evangelischen Synode für Deutschland, Gütersloh 1988

Demmer, K.: Leben in Menschenhand. Grundprobleme der Bioethik, Freiburg i.B. 1987

Düwell, M. / Mieth, D. (Hg.): Ethik in der Humangenetik. Die neueren Entwicklungen der genetischen Frühdiagnostik aus ethischer Perspektive (Ethik in den Wissenschaften 10), Tübingen/Basel 1998

Dworkin, R.: Die Grenzen des Lebens. Abtreibung, Euthanasie und persönliche Freiheit, Reinbek 1994

Eibach, U.: Medizin und Menschenwürde. Ethische Probleme in der Medizin aus christlicher Sicht, Wuppertal [5]1997

-: Experimentierfeld: Werdendes Leben. Eine ethische Orientierung, Göttingen 1983

Einverständnis mit der Schöpfung. Ein Beitrag zur ethischen Urteilsbildung im Blick auf die Gentechnik und ihre Anwendung bei Mikroorganismen, Pflanzen und Tieren, hg. v. Kirchenamt der EKD, Gütersloh 1991

Encyclopedia of Bioethics, hg. v. W.T. Reich, 5 Bde., New York 1995

Eser, A. / Lutteroni, M. / Sporken, P. (Hg.): Lexikon Medizin, Ethik, Recht, Freiburg/Basel/Wien 1989

Fischbeck, H.J. (Hg.): Leben in Gefahr? Von der Erkenntnis des Lebens zu einer neuen Ethik des Lebendigen, Neukirchen-Vluyn 1999

Fischer, J.: Handlungsfelder angewandter Ethik. Eine theologische Orientierung, Stuttgart 1997

Frey, Chr.: Konfliktfelder des Lebens. Theologische Studien zur Bioethik, Göttingen 1998

Gassen, H.G. / Minol, K. (Hg.): Gentechnik. Einführung in Prinzipien und Methoden (UTB 1290), Stuttgart [4]1996

Grewels, H.: Recht auf Leben. Drängende Fragen christlicher Ethik, Göttingen 1990

Harris, J.: Der Wert des Lebens. Eine Einführung in die medizinische Ethik, hg. v. U. Wolf, Berlin 1995

Heberle-Bors, E.: Herausforderung Gentechnik, Wien 1996

Honnefelder, L. / Rager, G. (Hg.): Ärztliches Urteilen und Handeln. Zur Grundlegung einer medizinischen Ethik, Frankfurt/Leipzig 1994

Hübner, J.: Die neue Verantwortung für das Leben. Ethik im Zeitalter von Gentechnologie und Umweltkrise, München 1986

Illhard, F.J.: Medizinische Ethik. Ein Arbeitsbuch, Berlin 1985

Irrgang, B.: Grundriß der medizinischen Ethik (UTB 1821), München/Basel 1995

-: Christliche Umweltethik. Eine Einführung (UTB 1671), München/Basel 1992

Jonas, H.: Technik, Medizin und Ethik. Zur Praxis des Prinzips Verantwortung, Frankfurt a.M. 1985

Kattmann, U.: Biologie und Verantwortung. Ethische Orientierungen (Vorlagen, NF 9), Hannover 1990

Klingmüller, W. (Hg.): Genforschung im Widerstreit, Stuttgart [3]1994

Körtner, U.: Solange die Erde steht. Schöpfungsglaube in der Risikogesellschaft (Mensch – Natur – Technik, Bd. 2), Hannover 1997

-: Wie lange noch, wie lange? Über das Böse, Leid und Tod, Neukirchen-Vluyn 1998

-: Evangelische Sozialethik. Grundlagen und Themenfelder (UTB 2107), Göttingen 1999

Kraus, W. (Hg.): Bioethik und Menschenbild bei Juden und Christen. Bewährungsfeld Anthropologie, Neukirchen-Vluyn 1999

Krebs, A. (Hg.): Naturethik. Grundtexte der gegenwärtigen tier- und ökoethischen Diskussion (stw 1262), Frankfurt a.M. 1997

Krolzik, U.: Umweltkrise. Folge des Christentums?, Stuttgart 1979

Lexikon der Bioethik, hg. v. W. Korff u.a., 3 Bde., Gütersloh 1998
Löw, R. (Hg.): Bioethik. Philosophisch-theologische Beiträge zu einem brisanten Thema, Köln 1990
Loewy, E.H.: Ethische Fragen in der Medizin, Wien/New York 1995
Mahlherbe, J.-F.: Medizinische Ethik, Würzburg 1990
Markl, H.: Evolution, Genetik und menschliches Verhalten, München/Zürich 1986
Mohr, H.: Natur und Moral. Ethik in der Biologie, Darmstadt 1987
Ott, K.: Ökologie und Ethik. Ein Versuch praktischer Philosophie (Ethik in den Wissenschaften 4), Tübingen/Basel ²1994
Ringeling, H.: Leben im Anspruch der Schöpfung. Beiträge zur Fundamental- und Lebensethik, Freiburg (Schweiz) 1988
Sass, H.-M. (Hg.): Medizin und Ethik, Stuttgart 1990
Sass, H.-M. / Viefhues, H. (Hg.): Güterabwägung in der Medizin: ethische und ärztliche Probleme, Berlin/Heidelberg/New York 1991
Schaefer, H.: Medizinische Ethik, Heidelberg 1983
Schlitt, M.: Umweltethik. Philosophisch-ethische Reflexionen – Theologische Grundlagen – Kriterien, Paderborn 1992
Schmitz, Ph.: Fortschritt ohne Grenzen? Christliche Ethik und technische Allmacht (QD 164), Freiburg/Basel/Wien 1997
Schockenhoff, E.: Ethik des Lebens. Ein theologischer Grundriß, Mainz 1993
Schweitzer, A.: Kultur und Ethik. Sonderausgabe mit Einschluß von Verfall und Wiederaufbau der Kultur, München 1960
Singer, P.: Praktische Ethik. Stuttgart 1990, ²1994
Teutsch, G.M.: Lexikon der Umweltethik, Göttingen/Düsseldorf 1985
-: Mensch und Tier. Lexikon der Tierschutzethik, Göttingen 1987
Von der Würde werdenden Lebens. Extrakorporale Befruchtung, Fremdschwangerschaft und genetische Beratung. Eine Handreichung der EKD zur ethischen Urteilsbildung, hg. v. Kirchenamt der EKD (EKD Texte 11), Hannover 1985
Wolf, J.-C.: Tierethik. Neue Perspektiven für Menschen und Tiere, Freiburg (Schweiz) 1992
Wolf, U.: Das Tier in der Moral, Frankfurt a.M. 1990